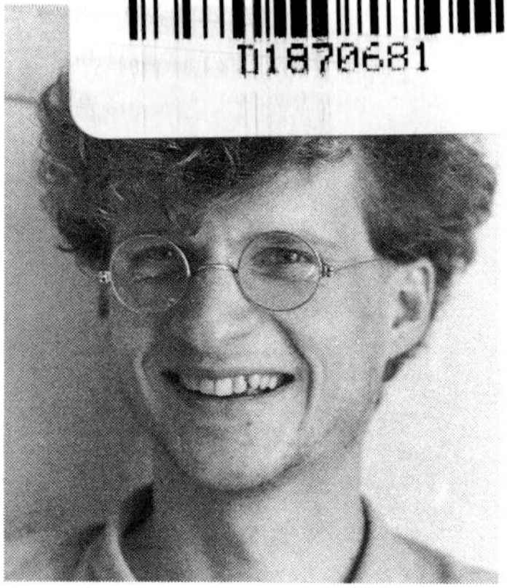

Stefan Biedermann, 1960 in Nordostoberfranken geboren, entschied sich mit zweiundwanzig Jahren von einem Tag auf den anderen Japanologie zu studieren. 1985/86 verbrachte er insgesamt 16 Monate in Japan. Er trampte durchs Land, kaufte ein Fahrrad, betrieb Kampfsport und Bogenschießen, vertiefte sich in die Welt der Schriftzeichen, fror hinter Papierwänden im Winter und schwitzte in heißen Quellen im Sommer. Weitere Reisen führten ihn nach China, Tibet, Korea, in die ehemalige Sowjetunion, die USA, nach Mexiko und Australien.

Seit 1992 befindet sich Stefan Biedermann im Diplomatischen Dienst, war von 1996 bis 2000 Kulturattaché der Deutschen Botschaft in Tokyo und arbeitet derzeit in der Auslandsabteilung des Bundespräsidialamtes.

UdSSR
CHINA
Nachodka
Wladiwostock
Asahikawa
Hokkaido
Kushiro
Sapporo
Otaru
Hakodate
Aomori
Morioka
Akita
Sendai
Yamagata
Fukushima
Niigata
Utsunomiya
Mito
Toyama
Kanazawa
Okaya
TOKYO
Honshu
Fuji
Yokohama
Nagoya
Kyoto
Kobe
Osaka
Okayama
Hamamatsu
Naruto
Wakayama
Tokushima
Hiroshima
Kochi
Shikoku
Pusan
KOREA
Kitakyushu
Fukuoka
Kumamoto
Nagasaki
Kyushu
Miyazaki
Kagoshima
JAPAN
Japanisches Meer
Pazifischer Ozean
JAPAN
N
0
500
1000 km

Stefan Biedermann

Im Land der aufgehenden Sonne

Meine Zeit in Japan

SIERRA

Gewidmet Hans Biedermann (1899–1990), der nie
die Chance zu einer solchen Reise hatte.

Kalligraphie (*yume* – der Traum): Yamamato Shinjiro
Titelfoto: Steve Vidler, Ibukushima Shrine/Dämmerung (Zefa)
Fotos: S. 1: Olaf Butz / S. 14, 49, 58, 89, 111, 176 : Matthias Ley / S. 123, 170, 191 : Nonaka Akihiro /alle übrigen Fotos: Stefan Biedermann

Die Deutsche Bibliothek – CIP-Einheitsaufnahme
Ein Titeldatensatz für diese Publikation ist bei
der Deutschen Bibliothek erhältlich

REISEN · MENSCHEN · ABENTEUER

3. überarbeitete Auflage 2000
SIERRA bei Frederking & Thaler Verlag, München
in der Verlagsgruppe Bertelsmann GmbH

Karten: Isolde Notz-Köhler
Redaktion: Annemarie Bruhns
Lektorat der überarbeiteten Ausgabe: Susanne Härtel, München
Umschlaggestaltung: Atelier Seidel, Altötting
Produktion: Sebastian Strohmaier, München
Druck und Bindung: Presse-Druck Augsburg
Papier: Das Papier wurde aus chlorfrei gebleichtem Zellstoff hergestellt
ISBN 3-89405-003-9
Printed in Germany

www.frederking-und-thaler.de

Inhalt

Wieso ausgerechnet Japan?

Sonor dröhnten die Triebwerke des geflügelten Riesen in meinen Ohren. Ich lehnte mich genüßlich im Sessel zurück und drehte meinen Kopf zu dem ovalen Fenster neben meiner Schulter. Zehntausend Meter unter mir befand sich das Chinesische Meer, das im Augenblick allerdings mehr zu ahnen als zu sehen war. Zwischen das Wasser und uns hatten sich weiße, schleierartige Wolken geschoben.

Die meisten meiner Mitreisenden – fast ausschließlich Japaner – schlummerten selig vor sich hin. Vielleicht sollte ich es auch einmal versuchen, denn der Abflug von Tokyo lag ja erst eine Stunde zurück, und bis Europa waren bestimmt noch achtzehn oder neunzehn Stunden zu fliegen. Ich streckte meine Füße aus, an denen Schlappen mit der Aufschrift „Japan Airlines" steckten. Wie beim Betreten eines japanischen Hauses hatten wir Passagiere im Inneren der Kabine unsere Schuhe ausgezogen und statt dessen die Plastikslipper der Fluggesellschaft bekommen. Ich schob das Kopfkissen unter meinen Nacken und schloß die Augen.

Ereignisreiche Wochen lagen hinter mir, in denen ich per Bahn, Bus, Schiff, Fahrrad und Autostopp kreuz und quer durch den Süden Japans gereist war. Wie war ich überhaupt auf Japan gekommen? Wieso hatte ich beschlossen, ausgerechnet Japanologie zu studieren? Fast alle Japaner, mit denen ich mich auf meiner Tour näher unterhalten hatte, wollten diese Frage beantwortet haben, und ich hätte ihnen nur zu gern etwas Spektakuläres dazu gesagt. Aber die Wahrheit war schlicht und einfach die, daß ich neugierig gewesen war. Und da ich, als ich mich für einen zukünftigen Beruf entscheiden sollte, keine Lust gehabt hatte, nach meinem Studium als arbeitsloser Akademiker zu enden, aber genausowenig Elektrotechnik oder Informatik studieren wollte, sondern doch eben eine der brotlosen Geisteswissenschaften, war mir Japanologie als ein vernünftiger Kompromiß erschienen. Das jedoch konnte man keinem Japaner erzählen, der nicht nur reine Vernunftgründe, sondern wenigstens ein bißchen Leidenschaft für sein Land spüren wollte.

Ich hatte also zunächst einmal ein Jahr lang „vernünftig" studiert, und zwar fast ausschließlich japanische Sprache und Schrift. Ein hartes Jahr war das gewesen, dem der Entschluß auf dem Fuße folgte, baldmöglichst das Land, mit dem ich mich Tag und Nacht beschäftigt hatte – anders kam man mit diesem Studium nicht weiter –, persönlich zu erleben. Vielleicht würde ich ja feststellen, daß mir das reale Japan gar nicht zusagte. Dann war es nach beendeter Reise besser, etwas anderes anzufangen. Wenn es mir aber gefiel, würde ich mit neuem Schwung weiterstudieren können. Der direkte Kontakt mit Land und Leuten war in jedem Falle unerläßlich, fand ich. Also flog ich hin – für zwei Monate zunächst. Ich wollte unbedingt Tokyo sehen, die fast schon Zwanzig-Millionen-Stadt; Kyoto, die alte Kaiserresidenz; Hiroshima, das erste Opfer einer Atombombe in der Geschichte der Menschheit. Ansonsten wollte ich mich treiben lassen, offen bleiben für Abstecher, die sich während der Tour sicher ergeben würden.

Mit diesen Plänen im Kopf war ich also losgezogen. Nun lagen die zwei Monate hinter mir, und ich flog nach Hause. Mir kam das alles vor wie ein Traum ...

Erste Eindrücke

Daß mir so etwas passieren muß, fluchte ich innerlich. Das darf doch nicht wahr sein! Ich hatte vollkommen die Orientierung verloren. Für einen Ausländer, der gerade erst im Land der aufgehenden Sonne angekommen war und alleine durch Tokyo streunte, ist das allerdings nicht gerade außergewöhnlich, tröstete ich mich dann. Die Hauptstadt Japans beherbergt zusammen mit ihren endlosen Vorstädten immerhin fast zwanzig Millionen Menschen, denen das Zueinanderkommen überraschenderweise nicht durch Straßennamen erleichtert wird. Ich hatte von Anfang an den Eindruck, keinen festen Boden unter den Füßen zu haben – ein Schwindelgefühl, das durch die periodisch auftretenden Erdbeben nicht gerade gemildert wurde.

Die geeignetste Strategie für den Anfänger in diesem Großstadtdschungel, so hatte ich mir sagen lassen, bestand darin, möglichst schnell mit dem Nahverkehrssystem, das als eines der dichtesten der Welt gilt, vertraut zu werden. Die U-Bahnhöfe hatten wenigstens Namen, die manchmal sogar in lateinischen Buchstaben angezeigt waren. Sobald man die U-Bahn verließ, galt es, sich den Rückweg zum Eingang genau einzuprägen. Im Laufe der Zeit, so hoffte ich, würde aus dem Flickwerk der verschiedenen Bahnhofsgegenden, die ich auf diese Weise kennenlernte, ein sich allmählich komplettierendes Stadtplanmosaik entstehen. Riß der Gedächtnisfaden zu diesen Inseln einmal, würde ich allerdings in Schwierigkeiten geraten.

Ich hatte mich also peinlich genau an die empfohlene Taktik gehalten und vom oberirdischen Tokyo noch nicht viel gesehen.

Doch ausgerechnet im Untergrund hatte ich mich nun verlaufen. Nachdem ich mit der Marunouchi-Linie bis zum Endbahnhof Ikebukuro gefahren war, war ich geradewegs zum Westausgang der um diese Zeit dicht bevölkerten Untergrundpassage gestrebt, von wo aus ich den Weg zu meinem Quartier ohne Probleme finden würde. Statt am Westausgang landete ich jedoch in der Lebensmittelabteilung des Seibu-Kaufhauses, die in die Untergrundstadt einbezogen war und von Kauflustigen nur so überquoll. Mühsam drängte ich mich wieder hinaus in die Passage und lief an Ladenfronten vorbei in die Richtung, wo ich den Westausgang vermutete. Mein Selbstvertrauen war noch ungebrochen, kannte ich doch inzwischen mehrere hundert Schriftzeichen, mit deren Hilfe die entsprechenden Hinweisschilder wohl zu identifizieren sein mußten! Vorerst stieß ich aber nur auf Schilder, die zum Ostausgang wiesen. Folgte ich denen in entgegengesetzter Richtung, kam ich unweigerlich beim Südausgang heraus. Hätte ich mich dort zum „Auftauchen" entschlossen, wäre es mir bestimmt nicht gelungen, den oberirdischen Heimweg zu finden. Also wieder hinein ins glitzernde Gewühl der unterirdischen Stadt!

Nach vielem Hin und Her entdeckte ich endlich das ersehnte erste Hinweisschild gen Westen, das ich mühsam entzifferte. Dieses freundliche Zeichen führte mich erst einmal in eine weitere Lebensmittelabteilung, diesmal in die des Parco-Kaufhauses, die genauso überfüllt war wie die von Seibu. Langsam wurde ich nervös.

Natürlich hätte ich einen Passanten fragen und um Hilfe bitten können. Aber hatte ich mich denn nicht intensiv auf Japan vorbereitet, um eben nicht wie die Herdentiere von Normaltouristen in solch einer Situation verlorenzugehen?

Der Japaner, der mich schließlich ansprach und in bestem

Englisch *„Can I help you?"* fragte, war zurecht verwirrt über die Knurrigkeit meines *„Yes"*. Er konnte ja nicht ahnen, welche Illusionen in mir bröckelten, als ich das angebotene Geleit zum Westausgang annehmen mußte.

Ich versuchte, eine Vorstellung zu gewinnen, was das war: Tokyo. Eine „klassische" Hauptstadt, in der die Regierung, die Wirtschafts- und Finanzmagnaten, die großen Zeitungsverlage und die bedeutendsten Universitäten eng beieinandersitzen. Ein übervölkertes Monstrum, dessen Telefonbuch den Namen Suzuki allein 39 000mal aufführt, in dem man polizeilich einen Standplatz nachweisen muß, bevor man ein Auto kaufen darf. Eine Weltmetropole, die alle Rekorde bricht – mit einer Ausnahme: dem der höchsten Gebäude, weil die latente Erdbebengefahr das unmöglich macht. Auf Fotos, die ich zu Hause gesehen hatte, war mir Tokyo immer so merkwürdig gesichtslos erschienen. Kein markanter Punkt, der einem im Gedächtnis bleiben wollte. Autobahnen, die in Stockwerken übereinanderlagen, Glaspaläste, die die üppigen Konsumtempel der Großkaufhäuser beherbergten, Automassen, die sich zäh in der glühenden Abendsonne vorwärtsschoben – das gab es woanders auch, wenn vielleicht auch nicht in dieser Intensität.

Schon im Flugzeug hatte ich einen Stadtplan in die Hand genommen und eine Luftaufnahme des Molochs, auf der am Horizont der Fuji zu erkennen war. Bis an seinen Fuß erstreckte sich das ungeheure Häusermeer der Vorstädte, der geballten Wohnsiedlungen, zwischen denen nur selten mehrstöckige Betonhäuser auffielen. Ließ man den Blick in Richtung Zentrum wandern, wandelte sich die labyrinthische Häuserlandschaft erst ganz nahe der Mitte zu dem Bild, wie ich es bei einer Großstadt gewohnt war. Höhere Gebäude schoben sich über die Kacheldä-

Tokyo, von einem der wenigen Hochhäuser aus gesehen

cher, Banken- und Konzernkomplexe, ein paar Wolkenkratzer sogar, denen ihre Architekten absolute Erdbebensicherheit bescheinigen mußten.

Noch weiter im Herzen der Stadt aber war – Leere. Kaum zu glauben, daß sich in Tokyo, das wohl die niedrigste Pro-Kopf-Rate an Grünflächen von allen Weltmetropolen aufwies, ausgerechnet im Zentrum ein geräumiger Park befinden sollte, wie es Stadtplan und Foto zeigten. Aber es gibt ihn, diesen Park. Er ist leider der Öffentlichkeit nicht zugänglich, weil er den Kaiserpalast umgibt, dem sich gewöhnliche Sterbliche nur einmal im Jahr nähern dürfen: am 29. April, wenn der Tenno Geburtstag hat und sich ein-, zweimal winkend dem Volke zeigt.

Ich fand dies bald nach meiner Ankunft heraus – ebenso, daß die benachbarten Regierungs- und Finanzviertel langweilig waren wie anderswo auch, das Vergnügungs- und Hauptgeschäftsviertel Ginza teuer und in seiner kommerziellen Betriebsamkeit etwas öde. So sah die Stadtmitte also aus.

Mich begannen daher die Subzentren an ihrem Rand zu interessieren, alle säuberlich aufgereiht an der Yamanote-S-Bahn-Linie, die einen weiten Ring um den Kern Tokyos schlingt: Ueno, Shibuya, Shinjuku, Ikebukuro.

In Ikebukuro, das im Nordwesten gelegen ist, hatte ich gleich nach meiner Ankunft eine Unterkunft gefunden. In einem „Guest House", das nur von Ausländern, überwiegend Amerikanern, bewohnt war, hatte ich ein kleines Zimmer gemietet.

Beim ersten Betreten des neuen Refugiums war alles so, wie ich es von Japan erwartete: Das Zimmer war leer und klein. In zwei Wände des Raumes waren Schiebefenster aus Milchglas eingelassen, eine weitere wies Papierschiebetüren auf, hinter denen sich ein geräumiger Wandschrank verbarg. Der Boden bestand aus den landesüblichen *tatami,* Reisstrohmatten. Alles in allem hatte das Zimmer eine Fläche von höchstens sieben Quadratmetern. Für Tokyoter Verhältnisse war das nicht ungewöhnlich klein, und so beschloß ich, meine europäischen Raumbedürfnisse erst einmal zu vergessen. Ich hatte ja nur wenig Gepäck in meinem Rucksack, und da ich sowieso nur zum Schlafen hier sein wollte, würde das kein Problem sein. Ich verstaute mein Gepäck im Wandschrank, wo schon die *futon* genannten Steppdecken eingerollt lagen, die abends als Schlafplatz auf die *tatami* ausgebreitet werden. Vor ihrer Benutzung wollte ich die nähere Umgebung meines Quartiers ein wenig erkunden. Draußen brach zwar schon die Dunkelheit herein, doch signalisierte meine innere Uhr nach zwanzig

Stunden Flug und einer Zeitverschiebung von immerhin acht Stunden standhaft Mittagszeit und ließ keinen Gedanken an Schlaf aufkommen.

Wo in Tokyo dreistöckige Autobahnen lärmend die Stadt durchschneiden oder Kaufhäuser mit Bahnknotenpunkten ihre Menschenmassen zusammenfließen lassen, braucht man nur in eine Seitengasse abzubiegen und fünf oder sechs Minuten zu laufen, um eine völlig andere Welt vorzufinden. Die Seitenstraßen sind zu eng für zügigen Verkehr und werden von Autos normalerweise gemieden. Es gibt dort jede Menge kleiner Geschäfte, einstöckige Wohnhäuser und Wäsche, die vor den Fenstern zum Trocknen hängt. Über den knallblau gekachelten Dächern ragen zahllose Masten in die Höhe, zwischen denen sich ein dichtes Geflecht von Strom- und Telefonkabeln spinnt: ein Tribut an die Erdbebengefahr, denn Oberleitungen sind im Notfall schneller zu reparieren. Am Fuß der Masten, welche die sowieso schon schmalen Gassen zusätzlich verengen, lehnen immer wieder Fahrräder, Mofas, sogar Motorräder, die offensichtlich von ihren Besitzern aus unerfindlichen Gründen stehengelassen worden sind und um die sich niemand kümmert.

Trotz der hereinbrechenden Nacht waren die vielen winzigen Geschäfte in der Nachbarschaft noch geöffnet; ihre Auslagen quollen aus den engen Läden auf die Straße heraus. Ein Obsthändler hatte sich ein Handtuch um die Stirn gebunden und arrangierte gerade sorgfältig polierte Äpfel zu einer Pyramide. Jede der makellosen, rotglänzenden Früchte war extra in eine Styroporhülle verpackt, so daß nur ein Teil der Rundung samt Stiel oben herauslugte. Als wolle er nur ja kein Nachtlüftchen seine Schützlinge behelligen lassen.

Ein paar Kinder waren noch mit ihren Fahrrädern unterwegs. Neonlicht strahlte aus den niedrigen Fenstern auf den Asphalt.

Statt Straßennamen finden sich an vielen Kreuzungen in Tokyo solche Umgebungspläne

Wo sich zwei dieser schmalen Straßen trafen, dominierten massige Verkaufsautomaten. Zwei mannshohe, beleuchtete Kästen an jeder Ecke, die die Versorgung der Bevölkerung nicht nur mit Amerikas berühmtestem Exportgetränk, sondern auch mit Reis, heißer Nudelsuppe und Pornoheften rund um die Uhr gewährleisteten.

Ein deutscher Schlager aus den sechziger Jahren fiel mir unwillkürlich ein: „In Europa ist alles so groß, und in Japan ist alles so klein . . ." Wie hieß es doch da so schön:

„Zierlich die Häuser und zierlich der Strand,
zierlich die Liliputdamen,
Bäume so groß wie Radieschen im Mai,
Turm der Pagode, so hoch wie ein Ei,
Hügel und Berg, klein wie ein Zwerg
trippeln die zarten Gestalten im Moos . . ."

Na ja, über die Details des Textes ließ sich ja streiten. Aber irgend etwas war an dem Klischee dran, dessen konnte ich mich nicht erwehren. Menschen, Straßen, Häuser – alles wirkte in ähnlichem Maßstab verkleinert. Zunächst fiel mir das gar nicht weiter auf, bis ich ein Auto deutscher Bauart an einer Ecke geparkt fand. Das Fahrzeug kam mir in seiner Umgebung ein bißchen größer vor, als ich es erwartet hätte. Mein Proportionsempfinden war in Verwirrung. Das Auto war einfach zu groß. Oder war der Rest einfach zu klein?

Ich beschloß, erst einmal etwas zu trinken. Bei den Häusern, die eine rote Laterne vor der Tür hängen hatten – das wußte ich –, konnte man in Japan paradoxerweise sicher sein, eine seriöse Kneipe vor sich zu haben. In die zahlreichen Hostessen-Bars, die von außen als solche oft nicht zu erkennen waren, sollte man sich nur als Geschäftsmann mit dickem Spesenkonto wagen oder zumindest in Begleitung eines Japaners, hatte mir jemand geraten.

Ich suchte also nach dem nächsten roten Lampion, schlug die Vorhänge vor der Tür zur Seite, auf die mit großen Lettern die Namenszeichen des Lokals gepinselt waren, bückte mich und trat ein. Ein schneidiges „*Irrasshaimmasse!*" – „Willkommen!" donnerte mir entgegen, der übliche Gruß der Gastwirte, an den ich mich wohl erst noch gewöhnen mußte.

Das Innere bot gerade Platz für eine Theke, die für etwa acht Gäste ausreichte, und zwei kleine Tische. Hinter der Theke hantierte auf engstem Raum der freundlich grinsende Wirt, der mich gerade so erschreckt hatte. Er servierte die Getränke und kochte und brutzelte nebenbei allerlei kleine Leckerbissen. Ich konnte *yakitori* und *gyoza* – Geflügel-Grillspießchen und mit Fleisch gefüllte Teigtaschen – erkennen. Die Gäste, fünf Männer, die unschwer als Angestellte zu erkennen waren, die nach der Arbeit noch einen heben wollten, musterten mich anfangs verstohlen, als ich mich an einen Tisch setzte, wandten sich aber bald wieder ihren Gesprächen zu. Ich bestellte ein Bier und freute mich, daß der Wirt meine Bestellung auf Anhieb verstanden hatte. Neben der Flasche „Kirin" – dem populären Bräu mit dem Drachen als Markenzeichen – servierte er mir ein heißes Handtuch, mit dem ich mir Gesicht und Hände reinigen sollte. Das erfrischte.

Es dauerte nicht lange, bis einer der Männer am Tresen umständlich auf seinem Barhocker herumrückte und sich mir langsam zuwandte. Noch ein paar Minuten, dann faßte er sich ein Herz. *„O-kuni wa dochira deska?"* fragte er.

Ich verstand nicht gleich. Er hatte eine respektvolle Formulierung gewählt, die meine Kenntnisse der Höflichkeitssprache überstieg.

Er formulierte seine Frage vorsichtig um, bis ich verstand, daß er nach meiner Herkunft fragte: *„Amerika deska?"*

„Nein, nein", sagte ich. *„Doitsu des." Doitsu* war die japanische Spielart von „deutsch", das war einfach.

„Ah, so deska", antwortete er, und das bedeutete tatsächlich: „Ach so ist das." Weiter reichten die Analogien zum Deutschen bedauerlicherweise nicht.

„Sie sprechen aber toll Japanisch", schmeichelte er mir nun überflüssigerweise. Er schien sich sicher zu sein, daß mit dem Ausländer doch zu reden war, und bestellte erst einmal noch zwei Bier. Die nächsten Fragen sprudelten Schlag auf Schlag aus ihm hervor, als ob er einem bestimmten Programm folgte: „Reisen Sie allein?" – „Wie alt sind Sie?" – „Sind Sie verheiratet?" – „Was arbeiten Sie?" – „Wie gefällt Ihnen Japan?" – „Und wie sind die Japanerinnen so?"

Ich mußte mir jede der Fragen mehrmals wiederholen lassen, bis ich begriff. Mein Gegenüber ließ sich von den Sprachbarrieren aber nicht bremsen. In ein so kleines Lokal, wo keiner erwarten durfte, Gäste mit Fremdsprachenkenntnissen zu treffen, verirrte sich so schnell kein Ausländer. Und umgekehrt: Wer hier verkehrte, hatte normalerweise keinen Umgang mit Ausländern. Eine seltene Chance für ihn, eine Gelegenheit für mich. Ich beantwortete alles, so freundlich und präzise es ging, stellte nach kurzer Zeit aber fest, daß Fragen zu stellen viel weniger Sprachkenntnisse erforderte, als sie zu beantworten. Kurzerhand drehte ich den Spieß um und erkundigte mich nach seinen Lebensumständen. Das Ergebnis war, daß über mich ein Wortschwall hereinbrach. Seine Erklärungen waren wohl nicht einmal sonderlich schnell gesprochen, und trotzdem verpaßte ich sofort den Zusammenhang, verhedderte mich in den endlosen Verbkonstruktionen und den vielen gleichklingenden Lauten, die für das Japanische charakteristisch sind. Ein Gefühl war das, als verlöre ich den Boden unter den Füßen. Ich kam nicht bloß ins Schwimmen, sondern der grammatische Ozean schlug sozusagen über mir zusammen ...

Soweit ich schon nach diesen wenigen Stunden im Lande erkennen konnte, unterschied sich das gesprochene Japanisch von dem, das ich bis dahin gelernt hatte, in zwei wichtigen Punkten:

1. Japanisch ist eine Sprache, in der Sätze auch dann noch verstanden werden, wenn sie eigentlich schon gar keine mehr sind. Man kann jeden Satzteil weglassen, der schon vorher gesagt wurde oder der stillschweigend als bekannt vorausgesetzt wird. Nehmen wir als Beispiel für den ersten Fall die beiden deutschen Sätze: Ich kam nach Tokyo. Dort kaufte ich ein Ticket. Statt des zweiten Satzes brauchte ein Japaner nur noch zu sagen: Kaufte Ticket. Der Rest stand ja schon im Satz vorher. Jeder würde verstehen. Ich als dummer Ausländer mußte meinen Partner allerdings dauernd wieder fragen: *Wer* hat das gemacht? *Wessen* Ticket? *Wo* war das?

2. Japaner beurteilen sehr sorgsam, mit wem sie reden. Bei fast jedem außerhalb der eigenen Familie und dem engsten Freundeskreis wählen sie einen höflichen, vergleichsweise komplizierten Sprachstil. Handelt es sich zum Beispiel um einen älteren, männlichen, höhergestellten Gesprächspartner, ist Respekt angebracht und Bescheidenheit, sobald man von sich selber spricht. Gegenüber Niedergestellten, Jüngeren und Frauen darf man schon etwas informeller auftreten.

Für jede dieser vielfältigen Gesprächsebenen existieren eigene Verbindungen und Vokabeln; ganz besonders ausgeprägt ist der Unterschied zwischen Männer- und Frauensprache. Wo wir Deutschen, schon anders als die Engländer, bei der Anrede zwischen einem „Du“ und einem „Sie“ wählen können, bietet das Japanische mindestens fünf verschiedene Vokabeln an. Entsprechend dazu gibt es etwa genauso viele Wörter für „ich“, die mit Bedacht gewählt sein wollen und natürlich, wiederum nach Regel 1, weggelassen werden, wo immer das möglich ist.

Genau dies schien mein Japaner mit steigendem Alkoholgenuß mehr und mehr zu tun. Seine Erklärungen wurden immer lückenhafter und dadurch keineswegs verständlicher. Es gelang mir noch, zur Wahrung der Konventionen, so dann und wann ein *„Ah, so deska"* unauffällig in seinen Redefluß einzuschieben, ansonsten machte sich Enttäuschung in mir breit. Umspült von Wortströmen schielte ich aus den Augenwinkeln nach Ablenkung. Mein Blick blieb an den Holztäfelchen hängen, die an den Wänden aufgehängt waren und die Speisekarte ersetzten. Sie waren zwar mit schön gemalten Schriftzeichen dekoriert, aber für mich nicht zu entziffern. Höchste Zeit zu gehen.

Ich traf vorsichtig Anstalten zum Aufbruch. Mein Partner erhob sich ebenfalls; ganz sicher stand er nicht mehr auf den Beinen. Mein Ansinnen, die Rechnung zu begleichen, lehnte er kategorisch ab. Als ich zum Abschied eine formgerechte Verbeugung ansetzte, bemerkte ich, wie im gleichen Moment seine Hand zum europäischen Gruß vorschnellte. Ich richtete mich schnell wieder auf, wollte seinen Handschlag erwidern, griff jedoch ins Leere, weil er sich nun seinerseits verbeugte.

Als ich auf die Straße hinaustrat, schien selbst der Mond am Himmel nicht mehr der vertraute zu sein. Er grinste so . . .

An einem der folgenden Tage beschloß ich, einen Ausflug in die Ginza zu machen. Das Wort Ginza bedeutet eigentlich „Prägeanstalt für Silbermünzen", die sich ab dem 17. Jahrhundert tatsächlich in diesem Viertel befunden hatte. Geld wird dort heute zwar nicht mehr geprägt, es bestimmt aber unverändert den Charakter der Ginza. Sie ist tagsüber das unbestrittene Geschäftszentrum der Metropole Tokyo, in dem sich die teuersten Läden und die größten Kaufhäuser aneinanderreihen. Nachts verwandelt sie sich in ein sündhaft teures Vergnügungsviertel, vorwiegend für die Geschäftsleute aus dem nahegelegenen Banken- und Konzernviertel. Über vierzig Nachtclubs in einem einzigen Gebäude habe ich dort später einmal gezählt.

Bei meinem ersten Bummel durch diese Gegend wurde mir wieder einmal klar, wo ich mich eigentlich bewegte: in der Hauptstadt eines der höchstindustrialisierten und reichsten Länder dieser Erde.

Das schnelle Wirtschaftswachstum der sechziger und siebziger Jahre ließ sich schon an der Oberfläche erahnen: üppige Auslagen in teuren Geschäften; sorgfältig gekleidete Passanten, die europäischen Designernamen auf Pullovern und Handtaschen immer gut sichtbar; viele, zu viele und zu große Autos auf den Straßen. Ungetrübte Konsumfreude allenthalben, Boomtown-Architektur, für ordnungsgewöhnte deutsche Augen zunächst ein Ärgernis, bald aber für Japan als unerwartete Vielfalt, buntes Durcheinander von modernen und traditionellen, prächtigen und provisorischen Wohn- und Geschäftsbauten, sogar unbestreitbare Individualität erkennbar.

Den stärksten Eindruck dieser Exkursion hinterließen auf mich jedoch die Menschenmassen. Wo immer ich hinkam, in Bahnhöfe und Kaufhäuser, auf Plätze und Fußwege, bewegte ich mich inmitten von Menschenpulks. Der von mir geplante „Bummel" wurde zur anstrengenden Ausweichübung, die unablässige Konzentration erforderte.

Wer in einer deutschen Großstadt am ersten verkaufsoffenen Samstag vor Weihnachten seine Besorgungen in einem Großkaufhaus zu erledigen versucht hat, weiß, wie er sich das vorzustellen hat. Jede Sekunde fordert eine neue Entscheidung. Links ausweichen? Rechts? Überholen? Drängeln oder lieber stehenbleiben? Ich ermüdete recht schnell, obwohl ich eigentlich nichts anderes tat, als mich zu Fuß von einem Ort zu einem anderen zu bewegen. Nur, daß Hunderttausende zur gleichen Zeit das gleiche taten. Spaß schien es ihnen aber auch nicht zu machen. Rundum sah ich verschlossene Gesichter.

Die *rasshu awaa* – Rush-hour – läßt sich an den großen Umsteigebahnhöfen nur noch als Treiben in Menschenströmen beschreiben. Weil ich einsneunzig groß bin, konnte ich die Fließbewegungen der schwarzschopfigen Massen, die durchgängig kleiner waren als ich, von oben verfolgen. Vom Boden war nirgends etwas zu sehen. Nur Köpfe, die sich alle in dieselbe Richtung schoben. Es kam darauf an, sich rechtzeitig an den Rand eines Stroms treiben zu lassen, wenn man in einen bestimmten U-Bahn-Zugang ausscheren wollte. Begann man nicht früh genug damit, konnte man nur durch heftiges Drängeln verhindern, in die falsche Richtung mitgetrieben zu werden – und das kostete zusätzliche Energie.

Die Bilder der Bahnbediensteten, die mit langen Brettern die Passagiere in die Waggons pressen, sind ja auch bei uns schon durch die Presse gegangen – zu ergänzen bleibt, daß nicht wenige Tokyoter für den einfachen Weg von ihrer Wohnung zum Arbeitsplatz zwei Stunden und mehr benötigen.

Ein paar Fakten dazu: Über den Daumen gepeilt, hat Japan ungefähr doppelt so viele Einwohner wie die Bundesrepublik; das Staatsgebiet ist auch etwa um die Hälfte größer. 85 Prozent der Fläche Japans sind jedoch unbewohnbar, das bedeutet, daß 120 Millionen Menschen sich auf dem schmalen Rest den Lebensraum teilen müssen. Die Konsequenzen dieser trockenen Zahlen wurden mir erst jetzt richtig bewußt. Wie stark mußte es die zwischenmenschlichen Beziehungen, Kommunikation und Moral prägen, permanent eingekeilt von seinen Mitmenschen zu leben, jeden Tag mehrere Stunden lang in einer total überfüllten U-Bahn zur Arbeit zu fahren, mit der Familie in zwei kleinen Räumen zu leben und kaum Möglichkeiten zum Alleinsein zu finden! Ich würde diesen Faktor stärker zu bedenken haben, wenn ich die Eigenarten der Japaner begreifen wollte. Außerdem beschlich

Wegen ständiger Erdrutschgefahr baut man nicht auf den Bergen, sondern schafft künstliches Land im Meer

mich das Gefühl, daß ich in einer Hinsicht vorsichtig sein mußte: Anonymen Massen gegenüber denkt man leicht ein wenig abfällig – diese Ameisen, die sehen ja alle gleich aus und dergleichen. Aber natürlich unterschieden sich die Japaner bei näherem Hinsehen voneinander wie wir Europäer auch.

Ein eigenartiger Effekt trat bei mir nach einiger Zeit des Beobachtens der vorbeitreibenden Gesichter auf: Ich vermeinte manchmal, bestimmte europäische Bekannte in jemandem wiederzuerkennen. Das ist doch der X auf japanisch, schoß es mir durch den Kopf. Konnte man Gesichter übersetzen?

★

In Shinjuku, einem anderen Subzentrum an der Yamanote-Linie, hatte ich die Buchhandlung Kinokuniya aufgesucht, die für ihr großes Angebot an fremdsprachiger Literatur berühmt war. Am Zeitschriftenregal war mir gleich das Titelbild einer renommierten amerikanischen Illustrierten aufgefallen. Unter der Überschrift *„The Generation Gap"* – der Generationsunterschied – posierten dort zwei lupenreine japanische Punks. Grellorange gefärbtes Haar in sauberem Irokesenschnitt, zahllose Ohrringe, Hundeketten um den Hals – alles, was halt so dazugehört. In der Titelstory war zu lesen, daß in Japan jetzt die Ära des „Arbeiterstaates" zu Ende gehe; eine neue Generation rebellischer oder doch zumindest kritischer Jugendlicher wachse nach, die, vom hereingebrochenen Wohlstand verwöhnt, keine Lust mehr habe, zehn Stunden täglich zu arbeiten, nur fünf Tage jährlich Urlaub zu haben, mit spätestens dreißig (Frauen schon mit fünfundzwanzig) zu heiraten – selbstverständlich mit dem Einverständnis der Eltern –, danach Kinder zu haben und ein braves Firmen- und Familienleben zu führen.

Die junge Generation wachse in eine Welt hinein, so der Artikel weiter, die mit allen Gütern gesegnet sei; deswegen sehe sie gar nicht mehr ein, wofür sie so hart arbeiten solle. Sie wolle nun endlich das genießen, wofür man die letzten Jahrzehnte geschuftet habe. Demnach nehme genau wie im Westen die Zahl der Aussteiger rapide zu: Mittzwanziger, die ohne Trauschein zusammenlebten; Schüler, die im Unterricht rauchten und ihre Lehrer bedrohten; Ausgeflippte, die sich Sicherheitsnadeln durch die Ohrläppchen stachen und als Punker die totale Ablehnung der bürgerlichen Gesellschaft probten. Man möge nur an einem Sonntagnachmittag in Tokyo mal im Yoyogi-Park vorbeischauen, gleich neben dem alten Olympiastadion; dort könne man diese Revolutionäre mit eigenen Augen besichtigen, empfahl das Jour-

Revolution in schwarzem Leder – am Sonntagnachmittag in Yoyogi

nal. Das hörte sich ja aufregend an, fand ich und beschloß, der Empfehlung der Illustrierten zu folgen.

Da war ich nun und sah sie: Von Kopf bis Fuß in schwarzem Leder mit dunklen Sonnenbrillen, über denen pechschwarzes Haar emporschoß, so weit das Wet-Gel es zuließ, bewegten sich einige verwegen aussehende Knaben ekstatisch nach einer kreischenden Musik, die den fünfziger Jahren zu entstammen schien, soweit man dies dem Gedonner entnehmen konnte, das den gequälten Lautsprechern der bis zum Anschlag aufgedrehten Gettoblaster entströmte. In einer europäischen Großstadt hätte ich mich diesen Gestalten kaum zu nähern gewagt, doch hier im Yoyogi-Park standen dicht um die Tanzenden herum die Touristen, knipsten eifrig, baten auch schon mal einen der Lederburschen, etwas zur Seite zu toben, um einen besseren Schnappschuß abzugeben.

Nur ein paar Meter weiter sah ich eine Gruppe von auffällig rot gekleideten Leuten, die sich bei den Händen hielten und im dichten Kreis um ihren Lautsprecher drängten. Gegenüber den Schwarzen bildeten sie augenscheinlich eine Minderheit, was sich auch auf die Lautstärke ihrer Musik auswirkte, zu der sie nichtsdestotrotz sanft von einem Bein aufs andere wippten. Bhagwans Söhne und Töchter.

Nahe dieser Szene, auf einem Mäuerchen, saßen zwei Gestalten, die echten Punks zum Verwechseln ähnlich sahen und interessiert eine Band beobachteten, die Beatles-Songs spielte. Ein Stück weiter präsentierten Scharen junger Mädchen im Babydoll und tüllenen Unterröcken brav einstudierte Gruppentänze. Zur Vervollständigung dieser kostümierten Rock-'n'-Roll-Geschichte der letzten dreißig Jahre tauchten schließlich noch ganze Horden von Boy-George-Epigonen auf, die mit weiblichem Hüftschwung die unvergessenen Evergreens von Culture Club interpretierten.

Die netten Punks auf dem Mäuerchen

Am Ende meines Rundgangs durch den fröhlich belebten Park kehrte ich zu den Lederburschen zurück, die mir von allen Akteuren noch am kernigsten zu sein schienen. Ihre Bewegungen waren stilecht, Shakin' Stevens hätte seine Freude daran gehabt. Manchmal fanden sie sich zu einer gemeinsamen Nummer zusammen – auch sie hatten offensichtlich geprobt oder zumindest eine gewisse Sonntagnachmittagsroutine erworben. Dann wieder standen sie swingend im Kreis, und einer brachte zum Heulen des Recorders ein Solo in der Mitte. Ab und zu einmal eine Macho-Geste, die sich aber im Nu wieder in Harmlosigkeit verflüchtigte: pubertär, nicht cool; statt Humphrey Bogart Falco sozusagen ... Und kein Hauch von Aggression.

Ich war offensichtlich zum richtigen Zeitpunkt zurückgekehrt, denn nun war der Star der schwarzen Truppe zwischen seine Kollegen gesprungen und legte eine wahrhaft hinreißende Nummer auf den Asphalt. Mit dem Kopf weit nach hinten gebeugt, auf den Innenkanten seiner blauen Wildlederschuhe hoppelnd, dann in den Spagat gegrätscht, schließlich im Entenschritt – ohne dabei die Sonnenbrille zu verlieren –, begeisterte er Fans wie Touristen bis zu stürmischem Applaus. Nachdem er seinen Tanz beendet und sich schnaufend etwas abseits an einen Baum gelehnt hatte, ging ich hinüber zu ihm, um ihm meine ehrliche Bewunderung zu gestehen und herauszufinden, was sich hinter dem schwarzen Outfit verbarg. Selten hatte ich so etwas Perfektes gesehen, und ich sagte ihm das. Sein Gesicht blieb stilgerecht cool, als er meine Ovationen entgegennahm, die Augen blieben nach wie vor hinter den verspiegelten Gläsern unsichtbar, aber als er den Mund zum Sprechen öffnete, tönte daraus eine überraschend sanfte Stimme: „War ich wie Elvis?"

„Ja", antwortete ich. „Mindestens. Wenn nicht noch besser." Das Urteil schien ihn zu befriedigen.

„Sie sprechen aber gut Japanisch“, schmeichelte er mir dafür. Gerade hatte er sich noch wie ein tollwütiger Tiger gebärdet, mikrofonschwingend und mit obszönen Gesten, und nun stand er friedlich da und sagte mit leiser Stimme Höfliches.

Seine nächsten Fragen kamen Schlag auf Schlag, als folge er einem bestimmten Programm: *„O-kuni wa dochira deska?“*

„Doitsu des.“

„Ah, so deska.“ Und weiter: „Reisen Sie allein? Wie alt sind Sie? Sind Sie verheiratet?“

Die Punks auf dem Mäuerchen hätten mich bestimmt das gleiche gefragt. Da war der Korrespondent der renommierten amerikanischen Zeitschrift wohl einem Analogieschluß auf den Leim gegangen: Daß sich manche Dinge hier und im Westen ähnlich sahen, mußte noch gar nichts zu bedeuten haben.

Wieder ein Punkt, den ich zu bedenken habe, überlegte ich. Vielleicht war alles das, was da so abendländisch-vertraut auf mich wirkte, nur Maske, hinter dem sich ein Japan verbarg, das sich gar nicht so viel verändert hatte? Die Revolution, die ich hier zu sehen bekam, beschränkte sich jedenfalls auf den Sonntagnachmittag, und unterhaltsam war sie dazu.

Hitchi-Haiku nach Süden

Nach einer Woche wurde mir der Trubel der Großstadt zuviel. Ich packte meine Sachen und beschloß, nach Süden zu trampen. In der Nähe des U-Bahnhofes Yoga gab es eine Autobahnauffahrt, die für diesen Zweck geeignet sein sollte, wie mir ein rucksackreisender Kollege im „Guest House“ verraten hatte. Also baute ich mich am Rand der Rampe auf, die hinauf zu der auf Betonstelzen gelegenen Schnellstraße führte. Mit einem dicken Filzstift hatte ich vorher säuberlich die beiden Silben KYO und TO auf ein Stück Karton gemalt, den Namen der alten Kaiserstadt, die ich als nächstes sehen wollte. Fünfhundert Kilometer betrug der Weg bis dorthin – eine Entfernung, von der ich noch nicht wußte, ob sie überhaupt per Anhalter und an einem Tag zu schaffen sein würde.

Ich stand ganz alleine an der staubigen Auffahrt. Wenn dies der beste Platz zum Autostopp in Richtung Süden sein sollte, warum standen dann keine jungen Japaner hier? überlegte ich. Es mußte doch auch in Japan Leute mit wenig Geld, aber Reiselust geben, die per Daumen unterwegs waren. Warten wir's ab! Ich ergriff jedenfalls mein Schildchen und postierte mich zuversichtlich am Fahrbahnrand. Der Verkehr rollte an diesem Vormittag ziemlich lebhaft, die Sonne schien, aller Anlaß zu bester Laune.

Gleich der erste Wagen, der sich mir näherte, eine mittelgroße Limousine, verringerte seine Geschwindigkeit merklich. Sollte das so schnell . . . ? Stand deshalb niemand mehr hier? Nun konnte ich schon das Gesicht des Fahrers und seines Nachbarn erkennen. Beide blickten fassungslos in meine Richtung, den Mund offen, die Augen weit aufgerissen. Was starrten sie denn so aufgeregt an? Ich drehte mich um und konnte hinter mir nichts Besonderes ausmachen, hörte aber im selben Moment die Limousine beschleunigen und davonbrausen. Na schön. Ich brachte meine Tafel wieder in eine gut lesbare Position und schaute wieder erwartungsvoll dem anrollenden Verkehr entgegen.

Ein Kleinstwagen, besetzt mit einer vierköpfigen Familie, quälte sich heran. Auch er bremste. Entgeisterte Gesichter der Passagiere. Die beiden Kinder im Fond preßten ihre Nasen ans Fenster. Noch einmal wendete ich meinen Blick nach hinten, konnte wieder nichts Außergewöhnliches entdecken und sah mich schließlich zu der Vermutung gezwungen, daß etwas *mit mir* nicht stimmte. Ein kurzer Check meines Äußeren sagte mir, daß es daran nicht liegen konnte. Nun denn, auf ein neues!

Der nächste Wagen war besetzt mit drei Herren in Anzug und Krawatte. Der Fahrer nahm kein bißchen Tempo weg und von mir nur flüchtig Notiz. Ich hab ein Auto, du hast keines, eine Botschaft, die – egal, wo auf der Welt – jedem Anhalter des öfteren zu Bewußtsein gebracht wird.

Eine Viertelstunde verstrich. Das Spielchen lief munter weiter. Niemand hielt, fast alle glotzten. Langsam kam ich mir doch etwas dumm vor, so auf dem Präsentierteller und Anlaß zu so viel Mimik zu sein. Bestaunte man den Anhalter an sich, den blonden Ausländer oder sein krakelig beschriftetes Schild? Oder alles zusammen?

Endlich stoppte ein Kleinwagen. Der Fahrer, ein junger Mann in einem blauen Overall, kurbelte die Scheibe herunter, fragte, ob ich Japanisch verstünde. Er fahre zwar nicht nach Kyoto, aber zumindest bis Shizuoka könne er mich mitnehmen. Ich dankte und stieg ein. Wir fuhren die Rampe hinauf und fädelten uns oben in den dichten Verkehrsfluß ein. Wenn ich erwartet hatte, aus der Höhe wie von einem Balkon die verschachtelten Konglomerate der Vorstädte betrachten zu können, so sah ich mich getäuscht. Hohe Betonmauern faßten die Fahrbahn zu beiden Seiten ein, wohl um den Verkehrslärm von den Wohngebieten fernzuhalten.

Mein Fahrer hatte sich erfolgreich in die rollende Blechlawine eingereiht und fand jetzt Gelegenheit, den gewohnten Fragenkatalog abzuspulen, den ich schon aus der Kneipe in Ikebukuro und vom Sonntagnachmittag in Yoyogi kannte. Inhalt der Fragen und korrekte Antworten gingen mir dank der Übung schon geläufig von der Zunge, mit der Folge, daß mein Gegenüber aus den ersten Gesprächsminuten meine tatsächlichen Sprachkenntnisse prompt überschätzte. Mühsam war es dann, bei den Fragen, die über das

Gewohnte hinausgriffen, seine Erwartungen wieder zurückzuschrauben.

„Was kostet denn ein *Bentsu* in Deutschland so?" wollte er wissen.

Daß unter *Bentsu* eine deutsche Nobel-Automobilmarke zu verstehen war, kostete mich zum Beispiel schon einiges Nachdenken – nur gut, daß er nicht vom ebenfalls deutschen Konkurrenzmodell *Bi-Emmu-Daburyu* gesprochen hatte!

Ich sagte ihm, was ich für einen durchschnittlichen Preis hielt.

„*Are!?*" wunderte er sich. „So billig?"

Das schien ihm doch zu denken zu geben, denn seine Stirn legte sich in Falten, und er steuerte eine Weile schweigsam vor sich hin. Dann hellte sich seine Miene wieder auf.

„Aus Deutschland kommt doch die Autobahn, oder?" Das Wort Autobahn sagte er auf deutsch. „Und keine Geschwindigkeitsbegrenzung!"

Um das Gewicht der letzten Aussage zu erhöhen, trat er kräftig aufs Gaspedal, bis die Tachonadel über die 100 pendelte. Ein dreitöniges Glockenzeichen schallte daraufhin unvermittelt kräftig aus dem Armaturenbrett und wiederholte sich alle zwei Sekunden. Das Warnzeichen, das alle japanischen Fahrzeuge eingebaut haben müssen, damit ihre Besitzer nicht vergessen, daß bei ihnen auch ohne Waldsterben Tempo 100 gilt.

Die Stirn meines Fahrers legte sich in noch schwerere Falten als zuvor. Er nahm den Fuß vom Gas, worauf das Glockenzeichen brav verstummte. Zu weiteren Aussagen schien er mir im Moment wenig aufgelegt.

Später hörte ich einmal von einem Reisebüro in Tokyo, das mehrtägige „Autobahn-Reisen" nach Deutschland anbietet. Eingeschlossen sind Flug, Unterkunft und ein großzylindriger Wagen, mit dem der betuchte japanische Reisende seine aufgestauten Hochgeschwindigkeits-Ambitionen austoben kann.

Ich nutzte die andauernde Schweigsamkeit meines Chauffeurs, um meine Aufmerksamkeit nach draußen zu wenden, wo die Betonmauern inzwischen verschwunden waren, obwohl wir unverändert durch dichtbesiedeltes Gebiet steuerten. War das noch immer Tokyo? Ich fragte.

„Nein, das ist schon Kawasaki. Oder vielleicht auch schon Yokohama – ich weiß nicht genau."

Das war ihm auch nicht übelzunehmen, denn bis hinunter nach Shizuoka sollte sich am Charakter der Umgebung nicht mehr viel ändern. Eine einzige, mehrere hundert Kilometer lange Siedlungslandschaft zog sich da an der Pazifikküste entlang.

In Shizuoka angekommen, stieg ich aus, dankte und stellte mich wieder an der Einfahrt auf. Diesmal dauerte das Spießrutenstehen noch eine Viertelstunde länger als vorher, ohne daß ich mich jedoch an die fassungslosen Gesichter der Automobilisten gewöhnen wollte. Mehr und mehr gelang es mir aber, der Szenerie eine unterhaltsame Seite abzugewinnen. Ich stellte meine KYOTO-Tafel auf den Kopf und betrachtete zufrieden die nun zu Recht verwirrten Gesichter, die an mir vorbeizogen.

Schließlich hielt ein größerer Wagen, und ein gut gekleideter Japaner fragte, wohin ich wolle. Auch er fuhr nicht bis Kyoto, sondern nach Nagoya, von wo aus dann noch ungefähr 150 Kilometer zu bewältigen sein würden. Angesichts der Tageszeit, früher Nachmittag, kein Problem, dachte ich. Die Interessen meines neuen Chauffeurs reichten glücklicherweise über das Thema der ungehinderten Fortbewegung in meiner Heimat hinaus. Nach der zügigen Klärung meiner persönlichen Daten wollte er wissen, ob meine Art des Reisens, das *hitchi-haiku* (vom englischen *hitch-hike*), eine gebräuchliche in Europa sei. Ich erklärte ihm, daß viele junge Leute ohne Geld in meiner Heimat so herumkämen, und fragte dann: „Machen Japaner kein *hitchihaiku*?"

„Eigentlich nicht . . ."

„Warum?"

„*Anno* – na ja, wenn man kein Auto hat, scheut man sich davor, jemand Unbekannten zu bitten. Das ist irgendwie peinlich", erklärte er.

Ich überlegte. Aus der Literatur wußte ich, daß es nicht so einfach war mit den zwischenmenschlichen Beziehungen in Japan. Das Problem war vielleicht mit dem Wort „Verpflichtung" auf den treffendsten Nenner zu bringen. Als Anhalter war ich nach den gesellschaftlichen Konventionen verpflichtet, dem Fahrer gegenüber dankbar zu sein. Nun hatte mir aber schon in Deutschland einmal ein Japaner erklärt, daß es für seine Landsleute kaum etwas Schlimmeres gebe, als jemanden zur Dankbarkeit zu zwingen, weil ihr stets eine Verpflichtung innewohne, die erhaltene Wohltat auf irgendeine Weise zurückzuzahlen. Genau dies aber tat, wenn auch unausgesprochen, der, der einen Anhalter aufnahm. Der Fahrer fühlte sich unwohl, weil er den Tramper zur Dankbarkeit verpflichtete, der Tramper fühlte sich unwohl, weil er dankbar sein mußte und sich außerdem vielleicht schämte, im Fahrer solche Konflikte auszulösen.

Es mochte so sein oder auch nicht; jedenfalls war mir schnell klar, daß ein Autostopp so ungeheuer schwierige soziale Interaktionen auslösen konnte – angefangen mit der Wahl der angemessenen Sprachebene –, daß man auf beiden Seiten lieber gleich ganz auf die Sache verzichtete.

Anders verhielt sich die Sache bei einem *gaijin*, einem Ausländer, einem „Draußen-Menschen", wie die japanischen Schriftzeichen für das Wort präzise zu übersetzen wären. Er war ja „draußen" aus den Konventionen und der ganze Schwanz an wechselseitigen Verpflichtungen damit hinfällig. Eine Art „*Gaijin*-Bonus“, überlegte ich. Ich hätte ja gerne meinen Fahrer zu solchen Spitzfindigkeiten befragt, doch schien mir das bei meinem spärlichen Japanisch aussichtslos.

„Warum fahren Sie denn nicht mit der Bahn?“ erkundigte er sich jetzt.

„Das ist mir zu teuer.“

„Und was machen Sie in Nagoya, nachdem ich Sie abgesetzt habe?“

„Ich finde schon jemanden für den Rest der Strecke. Es ist ja dann nicht mehr so weit“, suchte ich ihn zu beruhigen.

Damit schien er fürs erste zufrieden und begann übergangslos, mich nach dem Abschneiden der deutschen Fußballnationalmannschaft bei den letzten Weltmeisterschaften auszufragen. Meine Kenntnisse auf diesem Gebiet waren zwar eher rudimentär, doch reichten sie immerhin aus, das Gespräch bis hinein ins Stadtzentrum von Nagoya aufrechtzuerhalten.

Vor einem großen Gebäude hielten wir an, mein Fahrer rief: „*Chotto matte kudasai!* – einen Moment!“ ein Ausruf, der mich regelmäßig zu der Vermutung reizte, Japanisch habe auf verschlungenen Wegen etwas mit Italienisch zu tun. Er sprang aus dem Wagen, kehrte nach wenigen Minuten wieder zurück und bat mich dann auszusteigen, wobei er mir einen Umschlag in die Hand drückte. Und bevor ich das Ticket für den *Shinkansen*, den Superschnellzug nach Kyoto, herausnesteln konnte, war mein Gönner schon davongebraust.

In Kyoto hielt ich mich nur wenige Tage auf, und zwar aus dem paradoxen Grund, daß ich mich ohne großes Federlesen in diese Stadt verliebte. Sie schlug mich vom ersten Tag an so in ihren Bann, daß ich sofort wußte: Wenn ich jemals irgendwo in Japan

Über Betonstelzen jagt der Shinkansen durch die Stadt Himeji

studieren würde, dann hier. Ich entschied mich folglich, in die Wunder dieser Stadt vorläufig nicht einzutauchen und eine eingehende Erkundung auf später zu verschieben.

Schon bald packte ich also wieder meinen Rucksack, nahm die S-Bahn ins nahe Osaka und bestieg dort die Fähre nach Tokushima auf der gegenüberliegenden Insel Shikoku. Dort konnte ich nichts entdecken, was mich länger gehalten hätte; so stand ich am nächsten Tag schon wieder an der Straße, diesmal mit einem Schild mit der Aufschrift „Takamatsu". Neunzig Kilometer waren es bis dahin. Ich wollte mir dafür Zeit lassen.

Es war heiß und trocken. Die Ausfallstraße in Richtung Norden war wenig befahren und staubig. Aus einem Bäumchen auf der anderen Straßenseite rasselte das ohrenzerreißende Geräusch einer Zikade herüber. *Semi* nennen die Japaner sie, von der in einem berühmten Haiku-Gedicht gesagt wird, daß ihr gellendes Schnarren sich selbst in Felsen hineinbohre.

Ich hatte nicht gedacht, daß es in Japan so heiß sein würde. Aber immerhin befand ich mich auf einer geographischen Breite mit Nordafrika. Das Wasser rann mir über die Stirn, und kein schattiger Baum befand sich in der Nähe. Ich kann nicht behaupten, daß ich mich sonderlich wohl gefühlt hätte.

Dann fand ich mich unversehens in einem schicken Sportwagen wieder, neben einer reizenden Japanerin, auf dem Weg nach Takamatsu. Der schnittige, schneeweiße Zweisitzer hatte tatsächlich vor mir gehalten, und die junge Frau hatte in fließendem Englisch nach meinem Ziel gefragt, ohne große Umstände meinen Rucksack im Kofferraum und mich auf dem Beifahrersitz verstaut.

Ich konnte mich nicht genug wundern. Was ich bisher an Frauen ihres Alters gesehen hatte, war mir ausgesprochen schüchtern und konservativ erschienen. Sie gingen brav in Rock und Bluse, hielten beim Lachen verschämt die Hand vor den Mund, benahmen sich im großen und ganzen so, wie man es bei uns vor fünfzig Jahren wohl von einer jungen Dame erwartet hätte. Wie kam ausgerechnet diese hübsche Japanerin dazu, wie selbstverständlich einen Mann von der Straße aufzusammeln, einen Ausländer zudem, der nach weitverbreiteter Überzeugung als eher morallos anzusehen und überhaupt schwer einzuschätzen war? Die Antwort war einfach. Mariko, wie sie sich vorstellte, hatte als Au-pair-Mädchen ein Jahr in Australien gearbeitet. Daher auch das fließende Englisch.

Sie war fünfundzwanzig, also zwei Jahre älter als ich, und mir auf Anhieb sympathisch. Wir palaverten über alle möglichen

Themen drauflos und stellten dabei fest, daß sich unsere Ansichten eigentlich recht ähnlich waren. Die ihren äußerte sie klar und entschieden, also recht unjapanisch, wenn man bedenkt, daß in Japan im allgemeinen die Neigung vorherrscht, eindeutige Aussagen zu vermeiden oder sie zumindest im selben Atemzug zu relativieren.

· Und dann bemerkte ich, daß Marikos braune Mandelaugen, die mich amüsiert anlächelten, mir das Herz höher schlagen ließen . . .

Marikos ehrliche und unverblümte Art brachte mich auf den Gedanken, ihr ein paar Fragen zu stellen, die mir schon länger auf den Nägeln brannten und die ich aus Gründen der Höflichkeit und der mangelnden Sprachkenntnisse bisher niemandem zu stellen gewagt hatte. Von einer Frau, die mit der „westlichen" Lebensweise vertraut war, sollten doch einige offene Antworten zu bekommen sein.

„Mariko-*san*, bist du verheiratet?" fiel ich mit der Tür ins Haus.

„Nein", lachte sie, und ihre Augen verengten sich zu zwei schwarzen, aufwärtsstrebenden Linien.

„Und was arbeitest du?"

„Ich habe Geschichte studiert und sitze jetzt in der Rezeption der Praxis meines Vaters. – Er ist Arzt."

Ob so ein Werdegang normal sei, fragte ich sie, erst Studium, dann unterqualifizierter Job?

„Ja, leider", antwortete sie. „Dabei studieren sehr viele Frauen in Japan. Aber nach ihrem Abschluß treten sie hier von vornherein nur für einige Jahre ins Berufsleben ein. Manche Firmen haben für ihre weiblichen Mitarbeiter sogar Altersgrenzen, die bis zu fünfundzwanzig Jahren herunterreichen können. Wenn sie bis dahin nicht geheiratet haben oder freiwillig kündigen, werden sie mit sanftem Druck zum ‚Eintritt in den Ruhestand überredet' oder aber auf anspruchslose Posten mit eintöniger Arbeit abgeschoben ohne jede Aussicht auf Karriere."

„Wozu soll das Studium dann gut sein?"

„Genau genommen studieren die meisten Frauen hier gar nicht wegen des Berufes. Da die Gesellschaft von uns erwartet, daß wir so früh heiraten, sind die Universität und die kurze berufstätige Zeit danach schließlich nichts anderes als ein gigantischer Heiratsmarkt."

„Und was passiert, wenn man nicht heiratet?" erkundigte ich mich.

„Es gibt eine Redensart im Japanischen, die du bestimmt noch nicht kennst. Weißt du, was ein *kurismas-keiki* ist?"

„Keine Ahnung." Ich zuckte mit den Schultern.

„Die Redensart besagt, Mädchen seien wie ein *kurismas-keiki* – was nichts anderes als das englische Wort *Christmas-cake* bedeutet. Das heißt: Bis zum fünfundzwanzigsten – Dezember – sind sie frisch und delikat, danach kannst du sie wegschmeißen!"

Das klang ziemlich hart. „Was meinst du mit ‚wegschmeißen'?"

„Na ja, wie gesagt: Als Frau, die im Betrieb bleibt, hast du keine Chance auf Karriere, dafür wirst du eher von deinen Kollegen – Kolleginnen werden dir kaum bleiben – mit so liebevollen Bezeichnungen wie *ourdo-beto*, was vom englischen *old veteran* kommt, oder *hai-missu*, das englische *high, miss*, bedacht werden. – Aber jetzt sollten wir erst einmal eine Pause einlegen, oder?" unterbrach sie sich. Ohne, daß ich es bemerkt hatte, hatte sie die Hauptstraße verlassen und war in Richtung Meer abgebogen.

„Hier bei Naruto gibt es eine Meerenge, wo der Gezeitenunterschied reißende Strudel verursacht. Das mußt du einfach sehen, Stefan-*san*."

Wir hielten an. Der Aussichtsplatz, den sie angesteuert hatte, befand sich auf einer hohen Klippe. Tief unter uns klatschten die Wellen ans Ufer. Die Nachbarinsel lag in Sichtweite. Eine gigantische Hängebrücke dorthin war gerade im Bau. Wo das letzte Stückchen Fahrbahn fehlte, klaffte eine gefährlich aussehende Lücke, an deren Rändern punktkleine Menschen herumturnten. Über den schon gespannten Stahlseilen zogen Seeadler ihre Kreise.

„Die Insel dort drüben heißt Awaji", erklärte Mariko.

Ich wandte mich zu ihr um und stellte überrascht fest, daß sie höchstens einssechzig groß sein konnte. Sie lächelte mich an. Das Thema von vorhin ging mir nicht aus dem Kopf, und ich nahm den Gesprächsfaden wieder auf.

„Mariko-*san*, wie findet man denn jemanden zum Heiraten?"

„Die Mädchen, die an ihrer Universität oder vorher noch keinen Mann gefunden haben, halten während der wenigen Jahre ihrer Berufstätigkeit Ausschau nach einem geeigneten Kandidaten. Dabei werden sie oft von ihrem Chef unterstützt. Er kennt ja die Leute seiner Abteilung, weiß, wer zu wem ‚passen' könnte. In manchen Firmen werden regelrechte Personalbögen mit Bild und allen möglichen persönlichen Angaben herumgereicht. Und besonders konservative Eltern bestehen immer noch darauf, daß die Vergangenheit und der Lebenswandel eines potentiellen Gatten von einem Detektiv durchleuchtet werden."

„Und wie geht's dann weiter?"

„Wenn man einen geeignet scheinenden Partner gefunden hat, wird ein Treffen arrangiert, das sogenannte *o-mi-ai.*" Mit einem Stöckchen kritzelte Mariko die Zeichen für „Sehen" und „Zueinanderpassen" in den Sand. „Dein Chef lädt dich zum Beispiel eines Tages zum Abendessen ein und läßt vorher durchblicken, daß der junge Ito aus der Buchhaltung ‚zufällig' auch dasein werde. Danach kann man sich ein paarmal zu zweit treffen, bevor von

Der große Blonde – beliebtes Fotoobjekt

beiden entschieden werden muß: Ehe, ja oder nein. Auf diese Weise also, vermittelt durch Vorgesetzte, Eltern oder einfach die nette, ältere Dame von nebenan, die Gott und die Welt kennt, kommen in Japan noch immer mehr als die Hälfte aller Ehen zustande."

Wir blickten noch eine Weile auf das Meer hinunter, gingen dann langsam zum Auto zurück und fuhren los. Takamatsu rückte zusehends näher und damit das Ende unserer Begegnung.

Unausbleiblich beim Trampen, überlegte ich mir, ist, daß man eine Zeitlang sehr nahe beieinander sitzt und sich danach nie mehr sieht. Ich gab mir einen Ruck und erkundigte mich vorsichtig: „Was sagt denn dein Vater dazu, daß du noch nicht verheiratet bist?"

Sie schwieg einen Moment.

„Bisher hat er es akzeptiert, aber neuerdings drängt er mich immer häufiger, mich nach einem Mann umzuschauen. Da ich keine Brüder habe, die später einmal die Praxis übernehmen könnten, möchte er, daß ich einen Arzt heirate. Und mehr noch, mein Mann müßte bereit sein, meinen Familiennamen anzunehmen, damit die Klinik weiter unter unserem Namen laufen kann."

Ich war neugierig und wollte wissen, ob sie schon einmal solch ein ominöses *„o-mi-ai"* gehabt habe. Das war nun wirklich ein wunder Punkt, an den ich da rührte. Sie wußte natürlich von ihrer Zeit in Australien her, daß die Abendländer diese Art der Eheanbahnung als überholt und etwas mittelalterlich betrachten. Welcher moderne Mensch wollte schon in so einem Licht dastehen? So zögerte sie lange, bevor sie mir davon erzählte. Ja, schon zweimal hatte sie sich jeweils mit einem Arzt, der die Bedingungen ihres Vaters erfüllte, treffen müssen. Man hatte miteinander gegessen, war im Kino gewesen und hatte sich gegenseitig ausgefragt. Beide Male war aber nichts daraus geworden.

„Ehrlich gesagt", schloß sie, „ich bin auch ganz froh darüber."

Ich hatte das Gefühl, schon fast zu weit in ihre Privatsphäre eingedrungen zu sein. Man redet in Japan nicht mit Fremden über Herzensangelegenheiten. Höchstens, wenn sie sehr fremd sind, von „draußen" sind. Da war er wieder, der *Gaijin*-Bonus.

Das Ortsschild von Takamatsu tauchte auf. Die verbleibenden zwanzig Minuten zur Jugendherberge legten wir wortlos zurück. Dann stoppten wir.

„Hör mal, Mariko-*san*", setzte ich an.
„*Hai?*"
„Du warst so freundlich, hast einen ganzen Nachmittag für mich geopfert und mir viele spannende Dinge erklärt. Wäre es nicht schade, wenn wir einfach so auseinandergingen?"
Sie überlegte nur kurz.
„Also gut. Laß uns noch ein wenig spazierengehen. Aber spätestens um zehn muß ich nach Hause. Nicht wegen meiner Eltern", fügte sie eilig hinzu, „ich wohne nämlich alleine. Es ist wegen der Nachbarn; die haben ihre Augen überall. Ein allein wohnendes Mädchen ist sowieso suspekt. Ich muß ein bißchen vorsichtig sein."
Wir schlenderten los. Eine halbe Stunde später – es war inzwischen dunkel geworden – gerieten wir in den Trubel eines Shinto-Festes. Plötzlich waren die Straßen voller Menschen, Buden und Verkaufsstände drängten sich aneinander, ein Shinto-Schrein war hell erleuchtet und Schauplatz einer religiösen Zeremonie, in der alte Männer in prächtigen Gewändern mit seltsamen Utensilien hantierten. Transportable Geldspielautomaten rasselten unablässig, und auf einer improvisierten Bühne tanzte eine ältere Frau im Kimono zu schriller Musik eine *kagura*, den legendären Tanz für die Sonnengöttin Amaterasu-Omikami.
Plötzlich spürte ich Marikos Hand in meiner. Sie winkte mich hinunter zu sich und flüsterte mir ins Ohr: „Hör mal, Stefan-*san*, wenn ich eine Freundin von mir anrufen würde, dann brauchtest du nicht in die Jugendherberge zu gehen."
„Wie meinst du das?" fragte ich.
„Du weißt schon, die Nachbarn! Solange sie uns zu dritt kommen und morgen zu dritt wieder gehen sehen, ist das in Ordnung."
Ich begriff langsam.

Am nächsten Morgen überlegte ich mir, daß es wohl das beste wäre, noch am gleichen Tag aus Takamatsu abzureisen, wenn ich hier nicht hängenbleiben wollte. Mariko schien meiner Meinung zu sein, obwohl wir mit keiner Silbe davon sprachen, als wir mit ihrer Freundin beim Frühstück saßen.

Mit ihrem schicken Zweisitzer brachte sie mich schließlich zum Hafen. Die Fähre hinüber zur Hauptinsel Honshu, auf die ich zurückwollte, war ablegebereit.

Auf Wiedersehen, Mariko-*san*!

Eine Stadt wie jede andere . . .

In Okayama entschied ich mich, mit dem *Shinkansen* weiter nach Süden zu fahren. Das war teuer, aber der Superschnellzug hatte es mir angetan. In seinem Inneren blieb der Geräuschpegel so niedrig, daß die draußen vorbeiflitzende Landschaft einen unwirklichen Charakter annahm. Daß der Zug mit mehr als zweihundert Stundenkilometern durch die Lande donnerte, bemerkte ich eigentlich nur in den zahlreichen Tunnels, wenn mich der schlagartig ansteigende Luftdruck auf den Ohren zum Schlucken zwang.

Mehr noch als die Geschwindigkeit zog mich jedoch der fürsorgliche Service an Bord in seinen Bann. Alle paar Minuten schoben junge Mädchen Verkaufswagen durch die sich automatisch öffnenden und schließenden Schiebetüren, begrüßten mit einer formgerechten Verbeugung die Passagiere des Waggons, um dann mit kindlich überhöhter Stimme Eiscreme, Getränke oder die *o-bento* genannten Proviant-Kistchen anzupreisen. Die Frequenz der rollenden Kioske war so hoch, daß im Gang ein ständiges Kommen und Gehen, verbunden mit einem nahezu gleichbleibenden Werbesingsang herrschte, was meine japanischen Mitreisenden allerdings kaum zu bemerken schienen. Die meisten von ihnen lasen und blieben auch seelenruhig bei ihrer Lektüre, eine bewundernswerte Leistung bei dem Getümmel.

Der Superschnellzug trug mich in weniger als einer Stunde die hundertfünfzig Kilometer ab Okayama sanft und geräuschlos durchs Land, jagte nahezu ununterbrochen durch Tunnels und über Brücken, um schließlich in eine Stadt einzufahren, die aussah wie jede andere in Japan auch. Entlang der Küste erstreckte sich bis hin zum Horizont eine unübersehbare Masse von Einfamilienhäusern, über die hier und da mehrstöckige, gesichtslose Betonbauten aufragten. Die bedauernswerten Anwohner, die alle Viertelstunde das Vorbeiheulen des blau-weißen Geschosses aushalten mußten, hatten den eigentlichen Preis für den Komfort des *Shinkansen* zu zahlen, der, eigens zu den Olympischen Spielen 1964 in Tokyo fertiggestellt, damals das Statussymbol der geltungsbedürftigen Nation und ihres raschen Wiederaufbaus nach dem verlorenen Krieg war.

Über allem wucherte auch hier das Gestrick von Telefon- und Stromleitungen. Auf den auf Betonstelzen liegenden Gleisen fegte der Zug mitten durch das vorstädtische Häusermeer und ließ mir so den Blick bis zum Horizont, dem Meer.

Wie gesagt: eine Stadt wie jede andere. Jedenfalls ähnlich jenen, die ich schon passiert hatte: Yokohama, Osaka, Okayama. Und doch war diese Stadt nicht wie die anderen, sie konnte einfach nicht so sein!

Ich verglich noch einmal den Fahrplan mit der Uhr. Der Zug durchquerte gerade einen Tunnel, verringerte allmählich sein Tempo. Aus dem Lautsprecher tönte eine sanfte Stimme. *„Mamonaku* Hiroshima – *ni tsukimasu"*, die uns wie üblich ermahnte, nichts liegenzulassen und beim Aussteigen die Türen auf der richtigen Wagenseite zu benutzen. Natürlich waren auch die vollautomatisch, und nach meinen Beobachtungen vergaßen die Japaner im Zug genausoviel oder genausowenig wie wir. Aber ohne die Ansage hätte wahrscheinlich irgend etwas gefehlt.

Ich trat auf die Plattform, ließ mich mit der Masse der Passagiere dem Ausgang zu treiben, an der Sperre gab ich mein Ticket ab und kämpfte mich weiter bis in die Haupthalle. Am Informationsschalter holte ich mir einen Stadtplan und bestieg die Straßenbahn, die direkt vor dem Portal des Bahnhofs hielt. Fast genau auf den Tag vierzig Jahre vorher sollte hier die erste Atombombe in der Geschichte der Menschheit explodiert sein? Ich war noch nicht lange in dieser Stadt, aber von Minute zu Minute mochte ich es weniger glauben.

Schon vor jener Stunde Null hatte es hier hauptsächlich Industrie gegeben, woran sich bis heute nicht sehr viel geändert hat. Wenn Reisende herkommen, dann eigentlich nur, um die Spuren des ersten nuklearen Desasters zu erkunden. So auch ich. Die Straßenbahn holperte zum sogenannten *Peace Park*, der sich genau da befand, wo früher einmal das dichtbesiedelte Stadtzentrum gewesen war. Trotz der geänderten Perspektive – vom pfeilschnellen *Shinkansen* in eine zuckelnde Straßenbahn – blieb mein Eindruck der gleiche: eine ganz normale Stadt. Sicher, die Bauweise der Japaner ist leichter als die unsere und sorgt für ein merkwürdig geschichtsloses Stadtbild, wo immer man hinkommt. Dauernd wird abgerissen und wieder aufgebaut. Denkmalschutz ist ein Wort, das in Japan ziemlich unbekannt ist. Die Städte befinden sich in einer ständigen, sich noch beschleunigenden Metamorphose, weshalb von der Bausubstanz her in Hiroshima keine Überreste der tragischen Geschichte mehr zu erwarten waren. Wo aber dann? In den Gesichtern der Bewohner vielleicht? Die Leute in meiner Straßenbahn blickten genauso teilnahmslos, beschäftigt, fröhlich und traurig drein wie überall sonst. Wenn ich erwartet hatte, daß jeder, der an diesem Ort lebte, die Vergangenheit im Gesicht herumtragen würde, lag ich falsch, soviel war klar.

Aber es mußte doch eine Spur geben, irgendeinen Hinweis der Katastrophe, der auch für mich zu bemerken war . . .

Wir hielten am Friedenspark. Mein erster Weg führte mich zum *Peace Dome*. Auf dem Rasen spielte eine Gruppe Jungens Baseball, den amerikanischen Nationalsport. Spaziergänger schlenderten mir entgegen, ein paar Touristen fotografierten eifrig. Der *Peace Dome* war vor dem Krieg das Gebäude der Handelskammer gewesen und hatte sich exakt unter dem Epizentrum der Atombombenexplosion befunden. Da es sich um eines der wenigen massiven Stahlbetongebäude der Stadt gehandelt hatte, waren ein Teil der Mauern und das Stahlgerüst einer

Hiroshima – Peace Dome

Dachkuppel – daher die Bezeichnung „Dom" – stehengeblieben. Die Ruine war als Mahnmal im ursprünglichen Zustand belassen worden.

Es war August, ich befand mich immer noch auf der geographischen Breite von Nordafrika und schwitzte. Ein ähnlich heißer Tag mochte der 6. August 1945 gewesen sein. Und dann die Glut der Bombe. Gefolgt von der Hitze der tagelang wütenden Flächenfeuer. Ich fühlte mich schäbig, unter den läppischen vierzig Grad Sonnenwärme zu leiden. An einigen Denkmälern vorbei, die mit papiergefalteten Kranichgirlanden behängt waren, suchte ich schließlich den Weg zum Zentrum des Parks, dem Atombomben-Museum. Dort mußten sie sein, die Spuren, eine Ahnung des Noch-nie-Dagewesenen, des Grauens, das über diese Stadt hereingebrochen war!

Auf dem Weg dorthin besichtigte ich das Mahnmal, unter dessen „Ewiger Flamme" Papierrollen mit den Namen aller namentlich bekannten Opfer aufbewahrt werden. Noch heute kommen jedes Jahr neue Namen dazu. An jedem 6. August wird eine neue Rolle hinzugefügt.

Am Eingang des Museums drängten sich ganze Rudel von uniformierten Schülern und Schülerinnen. Zusammen mit ihnen wurde ich in das Innere geschwemmt, wo ich mir mühsam den Weg von Schaukasten zu Schaukasten bahnen mußte, zwischen kichernden, zwitschernden Schulgören hindurch, die sich offensichtlich ihren Klassenausflug nicht durch trübe Gedanken vermiesen lassen wollten.

Die Ausstellungsräume des Museums waren nicht sehr groß. Überwiegend wurden Fotos gezeigt. Die meisten davon hatte man auch in Europa schon gesehen: Eine Ex-Stadt, nur aus Grundmauern, ein Stadt-Plan sozusagen, wenn man „plan" in der Bedeutung „flach" verstand, mit einigen Betoninseln dazwischen. Tabula rasa. Was vorher gewesen war: weggeweht, zermalmt, verbrannt. Die Bilder der Opfer. – Wer sie einmal gesehen hat, wird sie nicht vergessen.

Und doch fehlte da etwas. Die Bilder kannte ich schon, auch wenn ihnen das nichts von ihrer Eindringlichkeit nahm. Dann waren da noch ein paar Kästen mit Gegenständen, die von der Explosion gezeichnet waren: verzogene Stahlträger, geschmolzene Dachziegel, Kleiderfetzen. Aber immer noch konnte ich mich eines gewissen Gefühls nicht erwehren, daß etwas Entscheidendes fehlte. Ähnlich hatten vielleicht auch die Einrichter des Museums empfunden. Deshalb hatten sie eine Art raumhohes Schaufenster konstruiert, das ein *The-day-after*-Szenario beherbergte. Decke und Wände des Raumes waren grellorange und gelb bemalt, auf dem Boden lagen Trümmer verstreut. Inmitten der Staffage zwei Schaufensterpuppen, mit Fetzen bekleidet und rot bespritzt, die sich mit tragischem Blick durch die Pappmaché-Kulissen zu schleppen schienen.

Ich war entsetzt – von so viel Geschmacklosigkeit. Wußte nun auch, was dem Museum fehlte: der Mensch!

Bilder der Zerstörung hatte ich genug gesehen: schon in Europa unzählige, jeden Tag aufgefrischt durch die Nachrichtenbilder des Fernsehens. Damit allein war einem Menschen meiner Generation das Ausmaß des Grauens nicht zu verdeutlichen. Und schon gar nicht mit der Effekthascherei eines Wachsfigurenkabinetts. Ich fand, daß das Museum an seiner Aufgabe gescheitert war. Aber hatte es nicht scheitern müssen? War es nicht prinzipiell unmöglich, zu dokumentieren, was damals wirklich passiert war und wie einzigartig das in der Geschichte der Menschheit dastand? Mußte so ein Museum nicht zwangsläufig zu einem Denkmal der Hilflosigkeit geraten?

Ich war enttäuscht, auch ein wenig zornig auf die, die das

Museum eingerichtet hatten. Eine vertane Chance, vielleicht sogar Verantwortungslosigkeit, da war ich mir nicht sicher.

Am Schluß erhielt ich zusammen mit einer kleinen Gruppe die Gelegenheit zu einem Besuch beim Direktor des Museums. Kaum war ich zum Besuchszimmer vorgelassen, bekam ich auch schon von einem Sekretär ein kleines Geschenkpaket überreicht. Zum Öffnen blieb keine Zeit mehr, denn der Direktor trat ein, ein älterer, ernster Herr, der jeden von uns freundlich begrüßte. Es folgten die üblichen Einleitungsworte, die die japanische Etikette erfordert, denen die meisten in der Runde aber gar nicht zuhörten. Allerdings wurde es sehr schnell still im Zimmer, als der Direktor von seinem persönlichen Schicksal zu erzählen begann. Er war einer der wenigen, die die Explosion aus allernächster Nähe erlebt und überlebt hatten.

1945 war er Mittelschüler gewesen. Aus Angst vor amerikanischen Bombenangriffen hatte die japanische Regierung seinerzeit rigorose Maßnahmen ergriffen, um die wegen der üblichen Holzbauweise wahrscheinlichen Flächenbrände nach einem Angriff zu verhindern. Mitten durch Wohngebiete wurden rücksichtslos breite Schneisen geschlagen, die eventuelle Feuer von Anfang an in Grenzen halten sollten. Für die notwendigen Arbeiten waren aus den umliegenden Landstrichen Schulklassen zusammengezogen worden. Seine, des Direktors Klasse, hatte sich am Morgen des sonnigen 6. August eben zu einer kurzen Rast in ein Schulhaus zurückgezogen, als ohne jede Vorwarnung die Bombe einige hundert Meter senkrecht über ihnen detonierte.

Er war zu seinem Glück zwischen zwei schwere Schreibtische gefallen. Als er wieder aufwachte, hatten um ihn herum nichts als Trümmer gelegen. Von den siebzig Jungen seiner Klasse hätten nur ganz wenige noch gelebt, und die waren unter den Trümmern hoffnungslos begraben gewesen. Als er versucht hatte, über die ihm am nächsten liegenden Betonbrocken hinwegzusteigen, erzählte er, habe ihn eine Hand am Bein gefaßt. Zu wem die Hand gehörte, hätte er nicht sehen können.

„Ich konnte ihm nicht helfen", sagte der Direktor tonlos.

Als ich mich später im Park auf dem Rasen niederließ – neben mir trainierten ein paar grell bekleidete Breakdancer –, öffnete ich das Geschenkpäckchen, das ich vor dem Besuchszimmer bekommen hatte. Es enthielt ein Handtuch. Darauf ein Stadtpanorama mit der Überschrift: *The Peace Park with the Atom-Bomb-Dome. The City of Hiroshima.*

Die Türken Japans

Der Fahrer des Lieferwagens war von mir so begeistert, daß ich es mit der Angst zu tun bekam. Er begleitete seine erstaunten Ausrufe mit dermaßen ausladenden Gesten, daß ich fürchten mußte, er verliere die Kontrolle über sein Fahrzeug. So etwas habe er noch nicht erlebt, rief er, ein *gaijin*, der einfach an der Autobahn steht und mit hochgestrecktem Daumen winkt . . .

Ich war wieder auf Achse, diesmal auf dem Weg zurück nach Tokyo. Mein Rückflug nach Deutschland stand knapp bevor. Die Reisekasse wies täglich größere Lücken auf, und wenn ich wirklich in Kyoto studieren wollte, mußte ich mir zuerst einmal einen Geldgeber suchen. Japan war unerwartet teuer und Gönner bestenfalls zu Hause zu finden.

„Und ganz allein bist du unterwegs", polterte mein wortgewaltiger Nachbar in meine Überlegungen hinein. „Du bist ja richtig, *nan'ten'dro* – wie sagt man gleich . . ." – er benötigte sämtliche drei Fahrspuren zum Nachdenken – „... toll! Und Japanisch willst du lernen, sagst du?"

„Nun ja ...", wandte ich schüchtern ein.

„Haaah!" staunte er. „Das ist ja geradezu, *nan'ten'dro* – super! Was willst du denn später mal damit machen?"

„Weiß ich noch nicht so genau."

„Japanisch lernen, so was!" Er schüttelte den Kopf. „Haaah!" Dann murmelte er weiter aufgeregt vor sich hin. „Aus Deutschland kommt er, reist allein, will Japanisch lernen, so was ... Weißt du was?" rief er unvermittelt, bog seinen Oberkörper nach vorn und zog mit dem Lieferwagen scharf auf die Überholspur. „Du kommst mit mir nach Hause, in meine Heimatstadt! Tokyo kann warten. Okaya mußt du sehen! Und den See!"

Ein Hupkonzert ausgebremster Schnellfahrer erscholl hinter unserem Rücken. Nach einer kurzen Einschätzung der Lage kam ich zu dem Ergebnis, daß ich mich dieser Einladung wohl nur unter größten Schwierigkeiten entziehen konnte. Kurz entschlossen sagte ich zu. „Aber nur für einen Tag!"

„Schon klar", freute sich der Fahrer, „wie werden die schauen zu Haus! Wen bring ich mit? Einen waschechten *gaijin! Waaah!"*

Am frühen Abend waren wir da. Das Städtchen Okaya lag am Ufer eines wunderschönen Sees, des Suwa-Sees. Das Haus der Familie Ko, der Familie meines neuen Freundes, stand zwar nicht am Ufer, war im Vergleich zu anderen Häusern dafür aber ziemlich groß, wie mir gleich auffiel. Zwei Stockwerke, einige kleinere Nebengebäude, verwinkelte Dächer, rundherum ein kleiner Garten und zwei Garagen.

Ko schob die Schiebetüren am Eingang zur Seite und brüllte *„Tada-ima!"* nach innen, was von einer weiblichen Stimme aus einem weiter entfernten Zimmer mit *„o-kaeri-nasai!"* quittiert wurde. Damit war dem Begrüßungsritual offenbar Genüge getan.

Wir schlüpften aus unseren Schuhen – ich ärgerte mich über meine unpraktischen Schnürschuhe –, stellten sie in die dafür vorgesehenen Regale und stiegen eine steinerne Stufe zum höhergelegenen *Tatami*-Boden hinauf. Die Reisstrohmatten hatte ich mittlerweile so sehr schätzengelernt, daß ich sie näher beschreiben möchte.

Genaugenommen handelt es sich bei ihnen um 1,82 m lange, 91 cm breite und etwa 10 cm hohe Holzgerüste, die mit Reisstroh bespannt werden. Von außen ist diese Konstruktion gar nicht zu ahnen. Beim Darüberlaufen federt sie leicht, sie isoliert im Winter und kühlt im Sommer. Die glatte, natürliche, warme Oberfläche war meinen Fußsohlen sofort angenehm. Daß man eine ausgelegte Wohnung nicht mit Schuhen betreten durfte, war ohne weiteres zu verstehen. Grobe Sohlen hätten das feine Reisstrohgeflecht unweigerlich beschädigt. Ich fragte mich allerdings, wie sich die hohe Luftfeuchtigkeit des japanischen Klimas auf die natürlichen Materialien auswirkt, erfuhr aber, daß gerade die Methode, durchlässige Matten auf ein Holzgerüst aufzuziehen, eine dauernde Belüftung gewährleistet und Insekten sowie Schimmelpilzen keine Chance läßt. Das Luftpolster in der *tatami* hält sie trocken und isoliert.

Übrigens geben die Japaner die Größe von Räumen stets in *tatami* an: die Fläche der Matten ist genormt, und Häuser werden so gebaut – auch moderne Betonhäuser –, daß sich die Matten exakt in die Räume einpassen lassen.

Freilich haben findige Spekulanten diese Meßmethode bereits zu ihren Gunsten zu manipulieren gewußt: Die *keijo*, die klassische, alte Kyoto-Matte, erdacht in den genannten Maßen nach dem Prinzip „die Fläche, die ein Mensch zum Schlafen braucht", ersetzen sie in neueren Apartments durch eine modernere Matte, die kleiner ist als die gewohnte. Ein Sechs-Matten-Zimmer ist in der Vorstellung der Leute weiterhin ein Sechs-Matten-Zimmer – aber es ist effektiv kleiner.

Eine Schiebetür uns gegenüber wurde vorsichtig zur Seite geschoben, und die Hausfrau trat hervor. Gegenseitige Verbeugungen, untermalt von leise gemurmelten Begrüßungsformeln, wurden ausgetauscht, bevor wir endlich in den Wohnraum der Familie traten.

Sechs Matten, moderne, hatte das Zimmer, war also nicht einmal zehn Quadratmeter groß. An seiner Stirnseite stand auf einem Schränkchen der Fernsehapparat, in dem gerade eine der zahlreichen Quizsendungen gezeigt wurde, deren dümmlicher Witz, soweit ich das mit ein paar Blicken erfassen konnte, auf das Programm eines Privatsenders schließen ließ. An einem flachen Holztisch in der Mitte des Zimmers knieten zwei sehnige alte Leute, vermutlich die Eltern meines jovialen Fahrers, die sich bei meinem Eintreten mit erstaunlicher Behendigkeit von ihren Sitzkissen erhoben und mich mit Verbeugungen begrüßten. Der Sohn erzählte kurz, aber mit ausladender Gestik, wie er mich kennengelernt hatte – „steht einfach an der Autobahn ..." – und welche Qualitäten ich hätte, worauf in Windeseile der Tisch abgeräumt und mir der Platz zur Rechten des alten Herrn angeboten wurde. Keiner dachte daran, den Fernseher auszuschalten. Die *oku-san* – „die im Inneren des Hauses ist", wie die Ehefrau auf japanisch heißt – servierte mir grünen Tee in einem kleinen, bauchigen Kännchen, in dem neben Blättern auch Reiskörner schwammen. Stilgerecht, soweit ich das gelernt hatte, hielt ich ihr die Teeschale zum Einschenken entgegen, die linke Hand unter dem Gefäß, die rechte seitlich stützend daneben.

Nun setzte das gewohnte Frage-und-Antwort-Spiel ein; ich gab brav Auskunft, und die alten Herrschaften schienen mit mir zufrieden zu sein. Der Inhalt der Fragen wechselte langsam von den persönlichen Daten zu meinen Eindrücken von Land und Leuten. Das außergewöhnliche Interesse der Runde an meinen Auskünften fand bald eine Erklärung.

„Wir sind nämlich Koreaner", nuschelte der nahezu zahnlose Vater Ko.

Daß es davon über 600 000 in Japan gab, hatte ich schon gelesen, und auch daß ihnen das Leben im Inselreich nicht gerade leicht gemacht wurde.

Persönlichen Kontakt zu den sogenannten *zainichi-kankokujin*, den „zur Zeit in Japan weilenden Koreanern", hatte ich allerdings noch nicht gehabt.

„Wie sind Sie denn nach Japan gekommen, Ko-*san*?"

„*Anno*, mich und meine Frau haben die Japaner im Zweiten Weltkrieg als Zwangsarbeiter herübergeholt. Und in den Nachkriegswirren ist es uns nicht gelungen, wieder nach Hause zu kommen. Da war der Koreakrieg Anfang der fünfziger Jahre, dann haben wir geheiratet, die Kinder kamen. Es wurde immer schwieriger zu gehen ..." Er sprach mit einem starken Akzent, den ich nur mühsam verstehen konnte.

Seit 1910 hatten die Japaner Korea besetzt gehalten, wie eine Kolonie behandelt und ausgebeutet. Nicht zuletzt aus dieser Vergangenheit heraus ist es zu erklären, warum die Koreaner heutzutage so ehrgeizig versuchen, den *big brother* wirtschaftlich einzuholen.

„Sprichst du überhaupt noch koreanisch?" fragte ich Ko-*san* junior.

„Ich verstehe noch ein bißchen, aber sprechen kann ich es nicht", erwiderte er. „Ich bin in Japan geboren, spreche japanisch, habe japanische Freunde, aber immer noch zwingt uns die Regierung, dieses Ding" – und damit warf er ein braunes Heftchen auf den

Die alte Frau Ko

Tisch –, „ständig bei uns zu haben!" Das braune Heftchen entpuppte sich bei genauerem Hinsehen als eine Art Ausweis. *Certificate of Alien Registration* stand auf dem Einband. Schon diese Bezeichnung machte mir schnell klar, daß da noch mehr dahintersteckte als nur Identifizierung. Ko-*san* war jedem, der seine Papiere kontrollierte, ohne weiteres als *alien* – als Ausländer – kenntlich.

„Sie geben uns eine Art Dauervisum, aber selbst wenn wir hier geboren sind, behandeln sie uns wie Ausländer. Außerdem" – jetzt schlug er die Seite mit dem Paßbild auf – „nimmt man unsere Fingerabdrücke ab – wie von Verbrechern."

Tatsächlich prangte auf einem Feld unter dem Foto der schwarze Abdruck von einem Daumen.

„Alle fünf Jahre müssen wir einen neuen Ausweis beantragen mit einem neuen Fingerabdruck. Seit Jahren protestieren wir bei der Regierung gegen diese Diskriminierung. Aber immer noch droht uns die Ausweisung, wenn wir uns weigern, den Fingerabdruck freiwillig zu geben."

„Gibt es denn keine Möglichkeit, sich einbürgern zu lassen?"

„Theoretisch schon. Aber das Verfahren ist ziemlich kompliziert. Zum Beispiel wird verlangt, daß man einen japanischen Namen annimmt. Statt Ko müßten wir uns vielleicht Yamamoto nennen. Und wenn sie uns zum Schluß wirklich die Staatsbürgerschaft geben würden, bekämen wir einen Vermerk wie ‚Neu-Japaner' oder so was in den Paß. Damit jeder gleich sehen kann, daß wir nicht ‚reinrassig' sind!"

„*Gomen kudasai* – bitte entschuldigen Sie die Störung...", ertönte vom Flur her eine Stimme. Der Fahrer eines *Sushi*-Ladens lieferte zwei riesige Lacktabletts voller Leckerbissen, die Ko-*san* telefonisch angefordert hatte.

Sushi ist eine Spezialität, die nur vom amtlich konzessionierten

Sushi-ya-san, dem „Herrn *Sushi*-Laden", zubereitet werden darf. Für meine Begriffe fällt diese Zunft eindeutig unter die Kategorie Kunst. Der *Sushi*-Meister knetet dabei mit einer genau vorgeschriebenen Zahl von Handgriffen klebrigen Reis, bis quaderförmige Happen entstanden sind, auf welche eine dünne Schicht *wasabi*, grüner Meerrettich, gestrichen wird. Obendrauf wird dann vom Meister ein Stück roher Fisch drapiert, eine Garnele, eine Muschel oder sonst eine Köstlichkeit. Diese Kunstwerke werden bis spät in die Nacht frei Haus geliefert.

Die Hausfrau verteilte kleine Porzellanschälchen an uns, in die Sojasauce geträufelt wurde. Vor dem Hineinbeißen tunkte man die *sushi* kurz in die dunkle Flüssigkeit. Zuvor mußte ich aber noch einen kleinen „*Gaijin*-Test" über mich ergehen lassen. Die meisten Japaner, scheinbar auch die koreanischen, haben nämlich ein ziemlich festes Bild von dem, was ein *gaijin* ist, zumindest von dem, was er ißt, oder besser: nicht ißt.

„Kannst du rohen Fisch essen?" fragte Ko junior beiläufig. Die Tatsache, daß nirgendwo sonst in der Welt eine solche Eßgewohnheit herrscht, hatte maßgeblich zu dem Vorurteil beigetragen, Ausländer könnten vielleicht gar keinen rohen Fisch verzehren.

„Na klar."

„Ah, tatsächlich?"

Das Erstaunen der Runde hielt sich in Grenzen. Roher Fisch gilt noch nicht als der aussagekräftigste Prüfstein für den wahren *gaijin*. In den Augen der meisten Japaner existiert wohl so etwas wie eine Hierarchie der *Gaijin*-Merkmale, die von vornherein ausschließen, daß er jemals Japaner werden oder auch nur Japan „wirklich verstehen" kann.

Ein negatives Testergebnis auf dieser niedrigen Stufe verwirrt noch niemanden, kratzt noch nicht am festgefügten *Gaijin*-Klischee. Die nächste Schwierigkeitsstufe nach dem rohen Fisch wäre *natto*, fermentierte Sojabohnen, die in ihrem Verwesungsprozeß einen schleimigen Charakter annehmen und lange Fäden ziehen. Nicht jedermanns Sache, zugegeben, aber in seiner Zubereitungsweise letztlich von einem Allgäuer Schmelzkäse gar nicht so verschieden. In meiner ganzen Zeit in Japan habe ich allerdings mehr Japaner als Ausländer kennengelernt, die den scharfen Geschmack des Bohnenmuses nicht vertragen konnten – trotzdem fragte man mich unverdrossen, meistens mit einem suggestiven Unterton: „Du *kannst* doch kein *natto* essen, oder?" Und ob ich konnte! Lag es an der koreanischen Herkunft meiner Gastgeber, oder war bloß kein *natto* im Haus, diese Prüfung fiel an diesem Abend jedenfalls aus.

Dafür schien ich die meisten anderen Kriterien glänzend zu erfüllen, von denen ein Teil vielleicht speziell einem *gaijin* aus *doitsu* zugeschrieben wurde: Ich trank jede Menge Bier ohne größere Ausfallerscheinungen. Japaner vertragen im Vergleich zu uns „Langnasen" relativ wenig Alkohol – angeblich durch das wissenschaftlich untermauerte Fehlen eines Leberenzyms. Ferner sprach ich fehlerhaftes Japanisch. Nichts schien Japaner an einem Ausländer mehr zu verwirren, als wenn er ihre Landessprache perfekt beherrschte. Nach meiner Erfahrung jedenfalls erfuhr ein radebrechender Ausländer oftmals mehr Unterstützung und Bewunderung als ein fließend Japanisch Sprechender; der wurde zuweilen auf eine Art ignoriert, die „es darf nicht sein, was nicht sein kann" ausdrückte.

Ich bestätigte also das Ausschneidebild vom Ausländer, Unsicherheiten so gut wie ausgeschlossen: Die notwendigen Voraussetzungen für eine harmonische Konversation in Japan waren damit gegeben. Und ich wollte noch mehr wissen über das schwierige Dasein der Koreaner in Japan.

„*Anno-ne*, nun ja, Stefan-*san*, wir haben's zum Beispiel schwer, einen ordentlichen Job zu bekommen. Die Folge ist, daß viele von uns sich mit ‚Randgeschäften' abgeben. Sie betreiben Nachtclubs, Spielsalons und dergleichen. Manche werden ziemlich reich dadurch. Und damit entstehen neue Vorurteile: Wir seien unseriös, Säufer und so weiter. Das spielt dann wieder bei der Jobsuche eine Rolle. Ein Teufelskreis . . .", beklagte sich Ko-*san*.

„Hat die Teilung Koreas Auswirkungen auf euch?"

„Also genaugenommen setzt sich die Teilung in Nord- und Südkoreaner bis hierher fort. Viele *zainichi-kankokujin* bekennen sich ausdrücklich zu den Kommunisten. Die werden dann oft als Spione verdächtigt und von den Behörden hier überwacht."

Ko, der der südkoreanischen Fraktion angehörte, überlegte sich, ob er nicht doch die japanische Staatsbürgerschaft beantragen sollte. Er hatte es mit seinem kleinen Transportunternehmen zu einigem Wohlstand gebracht. Noch spät in der Nacht führte er mich über den Hof zu einer der beiden Garagen vor dem Haus, in welcher – was sonst, dachte ich resigniert – ein funkelnagelneuer *Bi-Emmu-Daburyu* stand. Ko-*san* war natürlich sehr stolz auf sein Gefährt. Sein Gesicht nahm einen fast kindlichen Ausdruck an, als er mir die Funktionen der sämtlichen Armaturen erklärte.

Für die Nacht räumte mir die Familie das beste Zimmer des Hauses ein. Kos Frau hatte bereits unauffällig den *futon* ausgerollt, als ich aus dem Bad kam; der Gast hatte die Ehre gehabt, als erster baden zu dürfen. Der Deck-*Futon* war mit einem Spitzenüberzug versehen; zwei kleine, sandgefüllte Kopfkissen waren sorgfältig am oberen Ende der Bettstatt plaziert, die das Zentrum des Zimmers einnahm. Als Nachtgewand bekam ich einen Hauskimono. Er war viel zu kurz, aber leicht und mit einem dünnen Bändchen zu verschließen.

Außer dem *futon* war der Raum vollständig leer. Die *tatami* rochen grasig und waren wohl erst frisch gelegt worden. Bevor ich einschlief, hörte ich noch eine Weile dem Flüstern zu, das gedämpft durch die Schiebetüren vom Wohnraum herüberdrang wie das Licht, das sanft durch die papierbespannten Lattengerüste schimmerte und die Ränder unmerklich ins Dunkle verschwimmen ließ.

Als ich am anderen Morgen die Augen aufschlug, rumorte es im Nebenzimmer schon gewaltig. Ich stand auf, zog den Gürtel meines Kimonos fest und öffnete die Schiebetür.

„O-haiyo-gozaimasu!" schallte mir vielstimmig der Morgengruß entgegen. Der Fernseher plärrte schon wieder, ohne daß jemand hinsah. Ko saß zusammen mit seinen Eltern am Frühstückstisch, während seine Frau an einem elektrischen Reiskocher hantierte, der neben dem Mikrowellenherd stand.

Im großen und ganzen fand ich die japanische Küche ja phantastisch (diese *sushi* gestern abend!), doch wenn es eins gab, an das ich mich nicht gewöhnen konnte, dann das japanische Frühstück: heiße *Miso*-Suppe – die aus einer Sojabohnenpaste angerührt wird –, Fisch, Seetang, grüner Tee und natürlich Reis! Ich aß konsequenterweise nicht sehr viel. Aus dem Tischgespräch erfuhr ich beiläufig, daß Ko herumtelefoniert und einen befreundeten Lkw-Fahrer ausfindig gemacht hatte, der an diesem Tag nach Tokyo fahren und mich mitnehmen würde.

Pünktlich um zehn Uhr hupte es draußen. Alle vier Kos brachten mich zur Tür. Ich mußte versprechen, ihnen zu schreiben und auf alle Fälle wiederzukommen. Noch unter der Tür wandte sich die alte Frau Ko, die die ganze Zeit nichts geredet hatte, an mich, drückte mir etwas Papierenes in die Hand, was ich später als zwei Zehntausend-Yen-Scheine, über zweihundertfünfzig Mark, identifizierte, und sagte: „Erzählen Sie zu Hause, daß wir Koreaner auch gute Menschen sind."

Reise um den Tag in zwei Welten

Ich flog nach Deutschland zurück mit dem festen Vorsatz, zum Studium wieder nach Japan zu kommen, nach Kyoto, wenn irgend möglich.

Fünf Monate dauerte es, bis alles in die rechten Bahnen gelenkt war. Ein staatliches Stipendium – von deutscher Seite – würde es mir ermöglichen, neben den beträchtlichen Studiengebühren der Sprachschule auch meinen Lebensunterhalt zu bestreiten, der in Japan weit höher als in der Bundesrepublik zu Buche schlägt. Finanzielle Sorgen waren damit fürs erste aus dem Weg geräumt; um alles andere mußte ich mich jedoch selber kümmern.

Noch in Deutschland nahm ich Kontakt zu einer Sprachschule in Kyoto auf, die einen Intensivkurs in Japanisch anbot. Fünf Tage die Woche jeweils fünf Stunden Unterricht bedeutete das, ein ganzes Jahr lang, aber einen anderen Weg, in dieser Sprache jemals weiterzukommen, gab es nicht. Wer sich nicht konstant, das hieß tagtäglich, mit den chinesischen Schriftzeichen, den *kanji*, auseinandersetzt, auf deren graphische Struktur das Gehirn erst einmal eingepegelt sein will, verliert den Anschluß. Kein auch nur im geringsten logischer Aufbau erleichtert ihr Memorieren, im Gegenteil, man muß sich zu allem Überfluß auch noch daran gewöhnen, daß für jedes der Zeichen mehrere Lesarten existieren, die miteinander nichts zu tun haben. Ein Beispiel: *Shita, ge, ka, kuda, sa, o, moto* sind alles korrekte Lesungen für das Zeichen mit der Grundbedeutung „unten", je nach dem Satz- und Wortzusammenhang. Umgekehrt gibt es für jede japanische Silbe mehrere *kanji* mit den unterschiedlichsten Bedeutungen. Die Silbe *sho* läßt sich beispielsweise auf mindestens fünfundsechzig verschiedene Arten schreiben, mit mindestens fünfundsechzig verschiedenen Bedeutungen. Zum Lesen einer einfachen japanischen Tageszeitung, der Standardlektüre eines durchschnittlichen Japaners also, wird die Kenntnis von – niedrig gegriffen – 1800 Schriftzeichen benötigt. Nach der Ochsentour des ersten Studienjahres zu Hause beherrschte ich bei aller eigenen Anstrengung und der der Lehrer etwa sechshundert Zeichen, war somit noch weit vom notwendigen Mindest-Zeichenschatz entfernt.

Nun, das würde in Kyoto anders werden. Bei jedem Einkauf, jedem Kneipenbesuch, jedem Fernsehfilm würde ich vorgeführt bekommen, daß der Schlüssel zur Kultur und zum Alltag des 120-Millionen-Volkes in der Sprache lag. Und ich wollte ihn haben. Ich nahm mir vor, daß ich mich dieser Umgebung ganz und gar aussetzen wollte, ohne Hintertürchen.

Hintertürchen, das waren für die meisten Ausländer, die in Kyoto studierten, zum Beispiel Wohnheime, die die Universitäten speziell für ihre ausländischen Studenten zur Verfügung stellten. Dort trafen sich dann freundliche Menschen aus aller Herren Länder, auch aus der Heimat, nur nicht aus Japan – und sprachen Englisch.

Hintertürchen, das war auch der bequeme Umgang mit den Kollegen in der Japanisch-Klasse, die man ohnehin jeden Tag sah. Unter ihnen mochten sich wohl oft Taiwanesen und Koreaner befinden, die kein Englisch konnten und nur mit Hilfe der japanischen Sprache kennenzulernen waren – aber ein Weg zur wirksamen Erweiterung der eigenen Sprachkenntnisse war das sicher nicht.

Ich meinte, nur der Sprung ins kalte Wasser hatte einen Sinn, das Wohnen und Leben in möglichst ausschließlich japanischen Kreisen.

Anfang April traf ich wieder in Japan ein. War mir die ganze Zeit in Deutschland meine erste Reise ins Land der aufgehenden Sonne eher wie ein Traum erschienen, den niemand in meiner nächsten Umgebung mit mir teilen konnte, so fühlte ich mich vom ersten Augenblick auf japanischem Boden wieder heimisch. „Reise um den Tag in achtzig Welten" hieß der Titel eines Buches, das ich einmal gelesen hatte; das reale Erleben von nur zwei Welten an einem Tag, achtzehn Flugstunden auseinander, war für mein Fassungsvermögen schon genug. Vom Flughafen Osaka brachte mich der Bus bis vor den Kyotoer Hauptbahnhof; ich kannte die Umgebung und empfand das Wiedersehen mit ihr als eine kostbare Gelegenheit, in einen früheren Traum wieder einsteigen zu dürfen, ein stunden-, ja tagelanges Déjà-vu-Erlebnis sozusagen.

Sommerabend am Kamogawa-Fluß in Kyoto

Ich suchte mir für die ersten Tage die billigste Unterkunft, die aufzutreiben war, ein „Guest House“, wo auf einem Raum von zwanzig Quadratmetern zehn Leute in Etagenbetten untergebracht waren. Nachdem ich eine Woche im voraus bezahlt und mein Gepäck auf die mir zustehenden zwei Quadratmeter gestellt hatte, lief ich erst einmal ziellos durch die Stadt. Aufgedreht, durch die Folgen der Zeitverschiebung auch körperlich total durcheinander, schlich ich kilometerweit durch die Gassen der Innenstadt. Viele Kleinigkeiten, die ich seit meinem letzten Aufenthalt völlig vergessen hatte, fielen mir nun wieder ein: die vergammelten Fahrräder an den Ecken zum Beispiel, der unvergleichliche Geruch der Nudelbuden, der kindlich überhöhte Klang von Mädchenstimmen – es gab an diesen ersten Abenden nichts, was an meinen Traum hätte kratzen können.

Zwei Damenbekanntschaften und ein Hausbesuch

Als nach drei, vier Tagen die Lust des Wiederfindens und die Folgen des Jetlag im Abklingen waren, suchte ich meine Sprachschule auf, die den gesamten achten Stock eines Bürogebäudes im Zentrum der Stadt einnahm.

Die Sekretärin, schüchtern und pausbäckig, bedauerte, mir bei der Wohnungsvermittlung nicht helfen zu können und überließ mir zum Trost das Werbeblatt eines privaten Großvermieters, bei dem nach ihren Worten bereits viele meiner zukünftigen Klassenkollegen wohnten. Nur das nicht! Ich bedankte mich bei ihr, blickte im Lift zur Orientierung noch auf die Preisvorstellungen des populären Hauswirts, die um die 600 Mark pro Monat für ein

Sechs-*tatami*-Zimmer mit Kochnische, aber ohne Bad, lagen, und entschied, daß ich andere Wege gehen mußte.

Das Pamphlet, das von der Hand der Sekretärin nur wenige Minuten bis in einen Papierkorb brauchte, hatte allerdings eine Information enthalten, die mir entgangen war. „Kein Schlüsselgeld", hatte es da geheißen, und: „Kein Höflichkeitsgeld". Erst die Erfahrung mit anderen Vermietern, deren Miete auf den ersten Blick verhältnismäßig niedrig lag, lehrte mich die Bedeutung dieser immobilen Vokabeln ...

Mit „Schlüsselgeld" war eine Kaution gemeint, die normalerweise in Höhe von ein bis drei Monatsmieten im voraus beim Vermieter zu hinterlegen und – Wohlverhalten vorausgesetzt – beim Auszug wieder zurückzubekommen war. Anders das „Höflichkeitsgeld", das als eine Art Geschenk für die Gewährung eines Wohnraums zu verstehen war, Beträge von zwei bis fünf Monatsmieten ausmachte und auch bei Wohlverhalten keinesfalls zurückgezahlt wurde.

Einfaches Kopfrechnen ergab eine Einstiegssumme von vier bis neun baren Monatsmieten für ein Zimmer. Etwas Geld hatte ich zwar in der Tasche, aber bei den Beträgen, die für die Anmietung fällig wurden, stand mir spätestens im zweiten Monat der Bankrott ins Haus.

Mein erstes Telefonat mit dem Generalkonsulat in Osaka drehte sich folglich um die schnellsten Transaktionswege von Deutschland nach Japan. Auf seine Empfehlung richtete ich ein Konto bei der Daiichi-Kangyo-Ginko ein, einem der größten Bankhäuser am Platze, und schrieb meinen Eltern einen Expreßbrief, in dem ich sie bat, sofort einen größeren Betrag zu überweisen.

Als nächstes machte ich mich auf den Weg zur Kyoto-Universität, der größten und renommiertesten am Ort. April war der

Monat, in dem das neue Studienjahr begann und auf dem Wohnungsmarkt das meiste passierte. Auf dem Campus gab es ein Büro, das speziell für die ausländischen Gaststudenten der Universität eingerichtet worden war. Das *Foreign Students' Office* war zwar für mich nicht zuständig, da ich nur eine private Sprachschule besuchen wollte, aber fragen konnte ich ja immerhin.

Im Office fand ich drei Personen vor, die recht unterschiedlichen Tätigkeiten nachgingen: zur Linken eine junge Dame (auch eine von Marikos *Christmas cakes*?), die kaum ein Wort Englisch sprach, wie ich feststellen konnte, und die in erstaunlichen Aktenstößen herumwühlte, die sich auf ihrem Schreibtisch türmten. Gegenüber, am Fenster, ein Mittfünfziger, der offensichtlich überhaupt kein Englisch sprach und auf mich einen sehr blassen Eindruck machte, was durch seinen grauen Anzug noch unterstrichen wurde. Er thronte hinter einem fast leeren Schreibtisch – mit Telefon. Aha, der Chef!

Auf dem Schreibtisch rechts neben ihm herrschte schlicht das totale Chaos. Ich nahm dies als sicheres Zeichen für Kompetenz. Aber die Frau, die zu diesem Schreibtisch gehörte! Sie trug schwarze, hochhackige Pumps, schwarze Netzstrümpfe, einen schwarzen, abenteuerlich kurzen Minirock, eine schwarze Bluse, und das schwarze Haar reichte ihr bis zum Gürtel. Darin leuchteten zwei knallrote Schleifen. Ungefähr genauso rot war der geschminkte Mund in einem mondbleichen Gesicht, von dem sich wiederum abenteuerlich schwarze Augen abhoben. Ihr Alter war beim besten Willen nicht zu schätzen, und ich kann vorausschikken, daß keiner meiner Bekannten jemals darüber etwas in Erfahrung bringen konnte und daß sie niemals in anderer Aufmachung gesehen worden war. Im Winter komplettierte ein schwarzer Lackmantel ihre Ausstattung, der zur heißeren Jahreszeit von einer schwarzen Sonnenbrille und einem kirschroten Motorroller abgelöst wurde, auf dem sie wie ein Derwisch durch den Campus fegte. Wer war diese Frau?

Egal – Miss Ohashi sprach perfekt Englisch, hörte sich meine Sorgen an und griff unverzüglich zum Telefon. In genau einer Stunde, so beschied sie mir schließlich, solle ich wiederkommen, dann werde sie mich zu einer Wohnung begleiten.

Die zweite Damenbekanntschaft an diesem Tag machte ich – wie von Ohashi-*san* versprochen – kurze Zeit später, als sie mich zu Frau Mitsui begleitete.

Die *o-ya-san*, die ehrenwerte Hausfrau, wartete unter dem hölzernen Gartentor auf Ohashi-*san* und mich.

„Ihr verstorbener Mann war Professor an der Kyoto-Universität", hatte mich die schillernde Bürodame schon auf dem Weg aufgeklärt. „Angeblich gibt es auch eine verwandtschaftliche Verbindung zum Mitsui-Konzern."

Zaibatsu – Konzern –, es war das erstemal, daß ich in Japan diesen geschichtsträchtigen Ausdruck zu hören bekam. Mehr noch als die Krupp, die Thyssen, die Flick in Deutschland hatten im Vorkriegsjapan einige wenige gigantische Familienkonzerne die Industrie und Politik des Landes beherrscht. „Finanzcliquen" übersetzt das Wörterbuch die Vokabel *zaibatsu*, und Mitsui war einer der mächtigsten unter ihnen gewesen, die jahrzehntelang die Wirtschaft kontrolliert, demokratische Entwicklung und sozialen Fortschritt torpediert und von den Expansionskriegen der dreißiger und vierziger Jahre am stärksten profitiert hatten.

Nach 1945 versuchten die Amerikaner halbherzig, die „kriegsschuldigen" *zaibatsu* zu zerschlagen, änderten ihre Politik aber schon Ende der vierziger Jahre, weil sie für den Krieg in Korea Japan als Stützpunkt und Rüstungspartner brauchten.

Die *zaibatsu* überlebten. Allerdings nicht mehr als Familienkonzerne, sondern als Aktiengesellschaften unter gleichen Namen, die bis heute einige der stärksten Unternehmen der japanischen Wirtschaftsszene stellen. Die Namen der weitverzweigten Ex-Wirtschaftsmagnaten behielten trotz der Enteignung ihrer Träger das gewohnte Ansehen, nur bei wenigen auch den gewohnten Ruch. Japaner haben eine Neigung zu historischen Loyalitäten, selbst zu Leuten, die wir ohne weiteres als Verbrecher einstufen würden.

So war es zu verstehen, wenn Frau Ohashi mich auf den Umstand der sagenhaften Familienbande hinwies, in deren Glanz sich Mitsui-*san* noch immer sonnte. Ja, sie sonnte sich, die ältere Dame, nicht nur im Ruhm vergangener Zeiten, sondern auch im Reichtum der Gegenwart.

Wenn Ohashi-*san* mich auf den flachen Treppen vor dem Eingang zum Anwesen der Mitsui nicht noch flüsternd darauf hingewiesen hätte, daß allein der Besitz eines Gartentores wie das, unter welchem uns die Sechzigjährige nun erwartete, bis vor hundert Jahren ausschließlich den Samurai-Familien vorbehalten war, wäre mir womöglich nicht einmal aufgefallen, daß schon die Tatsache, in einer japanischen Großstadt einen Garten zu haben, Reichtum signalisierte.

Von der Knappheit des bewohnbaren Territoriums in Japan war ja bereits die Rede, weniger von den Konsequenzen für die Grundstückspreise, besonders in den Großstädten. In Tokyo kursierte zum Beispiel der Satz von dem Zehntausend-Yen-Schein (130 Mark), der die Fläche nicht mehr wert war, die er bedeckte. Eineinhalb Millionen Einwohner zählte Kyoto immerhin auch, und sie wohnten dichtgedrängt. In vielen Gegenden blieb kein Quadratzentimeter unüberdacht; den Garten ersetzten dort oft Regale an der Straßenseite der Häuser, auf welchen Topfpflanzen, unter ihnen auch ansehnliche Bonsai, gediehen.

Solche Züchtungen hatte Frau Mitsui nicht nötig. Nach den formgerechten Verbeugungen und höflichen Entschuldigungen wurden wir zu näheren Verhandlungen ins Innere des Hauses gebeten. Zunächst betraten wir den Garten. Vom hölzernen Tor, das aus einer niedrigen Tür an der Seite und dem eigentlichen, mit einem Balken verriegelten Haupttor bestand, das allerdings nur für den Empfang von Ehrengästen je geöffnet wurde, von diesem Tor also führte ein mit groben Steinen gepflasterter Steig in einem leichten Bogen zur Tür des Hauses. „Grobe Steine" allein reichte jedoch nicht zur Beschreibung; augenscheinlich war jeder einzelne nach seiner besonderen Form und Farbe ausgewählt und bedacht plaziert worden.

Zur Rechten des Wegs ragte ein Bambushain in die Höhe, zum Haus hin von geduckten Büschen abgelöst; zur Linken fächelte ein Zwergahorn in den Steig hinein, hinter dem eine moosgepolsterte Fläche mit einer behauenen Steinlaterne in ihrer Mitte den Blick zu einem ungelenken Bambuszaun freigab und in Richtung Osten zu einer Hügelkette weiterlenkte, die in wenigen hundert Metern Entfernung aufragte, als ob sie vom Gartenbauer zur Kulisse hingestellt, in die Gartenlandschaft hineinkomponiert worden wäre.

Ohashi-*san* lobte mit kurzen, wohlgesetzten Worten den Garten, während wir die wenigen Meter zum Haus zurücklegten. Hinter Schiebetüren erwartete uns zunächst ein gefliester Flur, von dem zwei schwere Granitstufen ins eigentliche Haus hinaufführten.

Wir entledigten uns unserer Schuhe, und ich spürte unter meinen Füßen gleich angenehm die hautwarmen *tatami*. Frau Mitsui öffnete mehrere Papierschiebetüren, hinter welchen immer wieder neue, leere Räume warteten. Schon nach kurzer Zeit hätte ich schwören können, alleine den Ausgang nicht mehr

Typisches Mehrfamilienwohnhaus: Aus Platznot müssen Boiler und Waschmaschine draußen bleiben

wiederzufinden, wenn man alle Schiebetüren geschlossen hätte. Dann wäre nämlich in den leeren Räumen zwischen Schrank- und Zimmertüren nicht mehr zu unterscheiden gewesen, zumal es im Inneren des Hauses keine Fenster gab.

Wir betraten ein dämmeriges Viereinhalb-*tatami*-Zimmer, das so dunkel war, daß wir das Licht anknipsen mußten. In der Mitte stand ein flacher Tisch, an den wir uns niedersetzten. Ich stellte fest, daß sich unter ihm eine Grube befand, deren Zweck mir nicht recht klar werden wollte.

Ohashi-*san* und Mitsui-*san* nahmen nun die Gespräche auf. Sie plauderten über das Wetter, die Gegend, Mitsui-*sans* verblichenen Gatten, ein wenig auch über mich. Das alles lief so schnell und in gleichmäßig vor sich hin fließendem Ton ab, ohne daß meine

Beteiligung notwendig zu sein schien, so daß ich meine Gedanken beruhigt abschweifen lassen konnte. Orientierung hatte ich in diesem Haus keine, aber die Bauweise war mir zutiefst sympathisch.

Art des Bauens und Wohnens sind für mich, wo immer ich hinkomme, wichtige Bausteine des Bildes, das ich mir vom Verhalten und Lebensgefühl der Leute mache. Oft finde ich Architektur und Einrichtung aufschlußreicher als ihre Bewohner. Außerdem hatte ich mich schon zu Hause daran gewöhnt, bei Fotos oder Fernsehsendungen aus fernen Ländern am Tempel oder den Korrespondenten im Zentrum des Bildes vorbeizuschauen und einen Blick auf Beschaffenheit und Zustand von Häusern und Straßen zu werfen. Besteht der Boden aus gestampfter Erde, Steinen oder Asphalt? Sind Häuser verputzt oder angestrichen oder keines von beiden? Haben die Wohnungen eine Heizung oder Klimaanlage, Bilder an der Wand, Strom, eine Toilette? Gibt es auf der Straße Mülltonnen, Parkuhren, Parkbänke? All das verrät viel über das Lebensgefühl der Bewohner. Und was mich selbst betrifft, so stelle ich fest, daß sich meine Denk- und Lebensweise tatsächlich mit den Räumen ändert, in denen ich mich aufhalte.

Insofern war vom Haus der Frau Mitsui nur Gutes zu erwarten. Es war ganz aus Holz und anderen natürlichen Materialien wie Papier, Reisstroh, Bambus, Kacheln und Glas konstruiert. In einem Seitengang war die Decke zum Dachstuhl hin offen, so daß sämtliche Verstrebungen bis hinauf zum First zu sehen waren. Von Architektur verstand ich zwar nicht besonders viel, trotzdem fiel mir ein gravierender Unterschied zum europäischen Holzbau auf: Es gab keine diagonalen Verstrebungen; alle Balken ruhten rechtwinklig aufeinander. Kein deutsches Fachwerkhaus kam ohne diagonale Balken zur Stabilisierung aus. Ich brauchte einige Zeit, um in Erfahrung zu bringen, daß auch hier die Furcht vor

Holzkonstruktion am Horyuji-Tempel in Nara, dem ältesten noch erhaltenen Holzbauwerk der Welt

Erdbeben im Spiel war. Ein gewisser Instabilitätsfaktor war sozusagen eingeplant. Zu rigide gebaute Häuser hielten einem Erdstoß nicht stand, das Skelett brach dann einfach an der meistbelasteten Stelle. Während dieses japanische Gebälk bei einem Stoß zwar ins Schwanken geriet und beängstigend in allen Fugen ächzen konnte, den Impuls von unten aber elastisch auffing und stehen blieb – oder vielmehr bessere Chancen hatte stehen zu bleiben.

Dieses Haus stand jedenfalls schon sechzig Jahre, was nicht nur in Anbetracht der Erdbeben, Taifune und Feuergefahren als ein ehrwürdiges Alter anzusehen war, sondern auch wegen der unbehandelten Holzbalken, die ohne schützende Farbe, ohne Lack und Lasur Wind, Wetter und feuchtem Klima trotzten.

Japaner mögen Holz lieber im Urzustand. Wenn es dann zwangsläufig schnell verwittert, dann ist das Natur und deswegen schön. Selbst wertvolle alte Tempel werden daher wenig konserviert und einfach abgerissen, wenn ihre Zeit gekommen ist. Dann wird eben ein neuer gebaut, eine getreue Kopie des vorhergehenden, und niemand stört sich daran, daß er nicht mehr „das Original" vor sich hat. „Die hölzerne Säule darf ausgewechselt werden; es geht nicht um ihr Alter, sondern um den Durchblick, den sie gewährt", hatte ich in einem Reisebericht von Ernst Jünger gelesen. Wichtiger als eine künstlich am Leben erhaltene Substanz war den Japanern die Atmosphäre eines Ortes.

Überhaupt spielt die Vergänglichkeit eine viel größere Rolle im Leben der Japaner als bei uns. Dieser Charakterzug spiegelt sich nicht nur in den Menschenmassen wider, die zur Zeit der Kirschblüte zu berühmten Kirschbäumen pilgern, um die fallenden Blüten zu sehen. Das Fallen gilt dann als der eigentlich ästhetische Genuß. Oder im Herbst die Massenwanderungen zu den sich flammend rötenden Laubwäldern; da ist es ebenso das

Vergängliche, das anrührt. Auch in der Kunst wurden und werden Werke nicht für die Ewigkeit geschaffen, sondern dürfen, sollen sogar vergänglich sein und ihre Verfallssymptome getrost offen zeigen.

Bei uns scheinen mir Kunst und Gebäude zu oft für die Ewigkeit geschaffen. Mit Herz-Lungen-Maschinen sozusagen hält man Kathedralen am schon bewußtlosen Leben – der abendländische Mensch lehnt sich mit aller Macht gegen die Vergänglichkeit auf.

Meine Gedanken kehrten in die Wirklichkeit zurück, als die Dame des Hauses die schon klassischen Eingangsfragen an mich zu richten begann. Jetzt galt es, einen guten Eindruck zu machen. Das Ergebnis schien durchaus nach Frau Mitsuis Geschmack auszufallen, und auch Frau Ohashi nickte beifällig.

„Wollen Sie jetzt das Zimmer sehen?"

„Ja, gerne."

Wir erhoben uns, verließen den Raum, betraten den davorliegenden und öffneten rechts eine Tür.

Das Zimmer, das jetzt vor meinen Augen lag, war hell, sehr hell. Zwei der vier Wände, die das quadratisch geschnittene Innere begrenzten, bestanden gänzlich aus den papierbespannten Schiebetüren, japanisch *shoji* genannt. Die anderen zwei waren hellgrau verputzt, doch ahnte man schon bei einer flüchtigen Berührung, daß sie ausgesprochen dünn sein mußten, ja vielleicht gar aus dem traditionellen Bambusgeflecht bestanden, das mit Lehm verschmiert und abgedichtet wurde.

Jede der beiden *Shoji*-Wände setzte sich aus vier Schiebetüren zusammen, die in je zwei Holzschienen liefen und bei Bedarf jederzeit leicht herausgenommen werden konnten. Mildes Licht fiel gleichmäßig gestreut durch das grobe Papier und verteilte sich im Raum. Wie zu erwarten, war das Zimmer leer; bei einer Fläche von acht *tatami* muteten seine Ausmaße beinahe europäisch an.

„Shoji" – die papierbespannten Schiebetüren

Später einmal gestand mir Frau Mitsui, daß so ein Zimmer an einen Japaner allein nicht zu vermieten sei. „Der würde sich bestimmt einsam fühlen . . ."

Die Decke bestand aus einem dunklen Holzgeflecht, und ich kam mir im Stehen etwas unproportioniert vor. Das konnte an meiner Körpergröße liegen, aber dann fiel mir ein, wie ein berühmter deutscher Bauhaus-Architekt japanische Räume studiert und beschrieben hatte. Demnach waren sie zum Sitzen konzipiert, zum Sitzen auf der *tatami*, dann paßten plötzlich alle Proportionen. An manchen Häusern waren in die *shoji* sogar kleine Scheiben eingefügt, auf Kopfhöhe, auf Kopfhöhe eines am Boden sitzenden Menschen. Traditionelle Möbel paßten sich diesen Verhältnissen an.

Und das Urteil, wahre architektonische Qualität erweise sich am leeren Raum: Ich konnte es bestätigen. Ein europäisches Zimmer ohne Einrichtung ist gewöhnlich kalt, dumpf, unwohnlich, ein japanisches hingegen warm, behaglich – es beläßt den Menschen im Mittelpunkt.

Frau Mitsui zog die beiden mittleren *shoji* auf, die der Tür gegenüberlagen. Eine etwa ein Meter breite *engawa*, ein Gang, der mit Holzplanken ausgelegt war, schloß sich an die übereck liegenden Papierschiebewände an; die Grenze nach draußen bildeten große Glasschiebetüren, hinter welchen unmittelbar der Garten begann. Der war an dieser Stelle nur wenige Meter schmal und moosbewachsen; als Begrenzung wucherte eine dichte Hecke, aus deren Mitte ein Zwergahorn hervorwuchs, der schon so alt und hoch war, daß sein Laubwerk ein schattiges Dach über Hecke, Vorgarten und *engawa* bildete.

„Das ist ein *Momiji*-Baum", klärte mich Frau Mitsui auf. „Er ist schon über hundert Jahre alt. Im Herbst verfärbt er sich feuerrot." Eine Anmerkung, die ich zu jener Zeit noch nicht zu schätzen wußte.

Da das Anwesen der Mitsui leicht erhöht am Berg lag, fiel der Blick über den Rand der Hecke hinweg erst einmal ins Leere, um einige Kilometer weiter an dichtbewaldeten Hügeln hängenzubleiben.

„Und das ist der Daimonji, da drüben", wies Ohashi-*san* in eben diese Richtung.

„*Daimonji*, was bedeutet das bitte?" fragte ich neugierig.

„Schauen Sie einmal zur Kuppe des höchsten Hügels dort drüben", gab sie bereitwillig Auskunft. „Da oben hat man eine Menge Bäume herausgerodet, und zwar so, daß die freie Fläche die Form des japanischen Schriftzeichens *dai* annahm. Die Bedeutung dieses überdimensionalen *kanji* ist ‚groß'." Ohashi-*san* malte mit dem Zeigefinger ein imaginäres *dai* in ihre Handfläche.

„Der Name des Berges, Daimonji, bedeutet einfach ‚großes Schriftzeichen'. Im August gibt es immer ein berühmtes Fest da oben, mit riesigen Feuern, aber das können Sie ja dann von hier aus wunderbar beobachten."

Die *engawa* lief auf der Südseite ums Eck und von dort an der zweiten *Shoji*-Seite des Zimmers entlang. Dahinter blieben freilich nur zwei, drei Meter Platz. Ein anderes Haus, moderner und größer, schloß sich an, offensichtlich aber noch auf dem gleichen Grundstück, weil der Garten sich dort fortsetzte.

„Da wohne ich", erklärte Frau Mitsui.

„Ah, so deska."

Wir schoben zwei der Glastüren zur Seite. Einige Hausschuhpaare standen draußen bereit, in die wir hineinschlüpften und in den Garten hinabstiegen. Erst jetzt fiel mir bewußt auf, daß das Haus eine Stufe über dem Boden stand. Ein Pfahlbau sozusagen. Erst in einem halben Meter Höhe lagen die Holzplanken der *engawa*. Ich bückte mich und stellte fest, daß unter dem Gebäude tatsächlich Luft war. Eine geniale Methode, Feuchtigkeit und Ungeziefer fernzuhalten, zusammen mit der *Tatami*-Konstruktion ein fast hundertprozentiger Schutz.

Bevor ich erfuhr, wer sonst noch hier wohnte und was die Sache kosten würde, stand für mich fest, daß ich in dieses Haus einziehen wollte. Im letzten Punkt machte sich übrigens Ohashi-*sans* Zugehörigkeit zur selben Universität, der der verstorbene Professor Mitsui gedient hatte, äußerst positiv bemerkbar. Persönliche Bande – hier geknüpft von Herrn Mitsui zu Frau Ohashi und zu mir – spielen im japanischen Geschäftsleben eine große Rolle. In meinem Fall führten sie zu dem Resultat, daß das „Schlüsselgeld" mit einer Monatsmiete, das „Höflichkeitsgeld" mit zwei Monatsmieten recht moderat ausfiel.

Shinryoku – neues Grün

Mein Umzug nahm alles in allem nicht mehr als eine halbe Stunde in Anspruch und fand schon zwei Tage später statt. Ich holte mein Gepäck aus dem „Guest House" und schaffte es zu meinem neuen Domizil. Als ich alle meine Habseligkeiten auf meinen *tatami* ausgebreitet hatte, kam mir das erstemal richtig zu Bewußtsein, daß ich das Zimmer *leer* gemietet hatte. Bei aller Ästhetik – eine Schlafgelegenheit, ein Platz zum Schreiben, ein Regal, Hausrat, das mußte noch beschafft werden.

Von draußen rief Frau Mitsui. Ob ich nicht auf einen Tee hinüberkommen wolle?

„Ah, yorokonde – gerne", gab ich höflich zur Antwort; über meinen Haushalt konnte ich ja später noch nachdenken.

Das Haus meiner *o-ya-san* war um einiges jünger als das, in welches ich jetzt eingezogen war. Das Erstaunliche an ihm, fand ich, war das unvermittelte Nebeneinander von traditioneller und westlicher Einrichtung. Ganz europäisch eingerichtet – mit Stühlen, hohen Tischen und Borden, Orientteppichen und Hi-Fi-Anlage – war zum Beispiel das Wohnzimmer, auch die Küche war modern. Allerdings gab es ein zweites Wohnzimmer, das komplett japanisch eingerichtet war. Ausgelegt mit *tatami*, behängt mit Kalligraphien, sogar ausgestattet mit einer *tokonoma*, der traditionellen Schmuck-Ecke eines „feinen" Zimmers, in die die Hausfrau alle paar Wochen ein neues, der Jahreszeit angepaßtes Rollbild hängte und davor eine Ikebana-Blumenkomposition auf einen leicht erhöhten Holzboden stellte. Die Gegensätze, die aus dem Nebeneinander von zwei Welten in diesem großbürgerlichen Haushalt sprachen, waren offensichtlich kein Problem.

Hinter einer der Schiebetüren des japanischen Wohnzimmers verbarg sich ein *butsu-dan*, ein Hausaltar, der von einer archaischen Buddhafigur in der Mitte beherrscht wurde.

„Echt Muromachi-Zeit", beeilte sich Frau Mitsui nicht ohne Stolz zu bemerken, während ich die Holzstatue betrachtete und mich erinnerte, daß diese Epoche, die von 1336 bis 1573 währte, ihre Prägung durch den Zen-Buddhismus erhielt.

„Hier rede ich immer mit Mitsui", erklärte sie dann und legte vor ihrem Gesicht die Hände zusammen, neigte den Kopf um eine Kleinigkeit, als wolle sie ganz sichergehen, daß ich recht verstand. Sie meinte ihren Gatten.

Der Glaube an die Weiterexistenz der Geister der Verstorbenen, die uns umgeben und mit denen wir Kontakt aufnehmen können, ist ein Grundgedanke des Shinto-Kultes und für die meisten Japaner selbstverständlich. Frau Mitsui hielt nicht nur regelmäßig Zwiesprache mit ihrem Mann, sie stellte ihm auch täglich frisch eine Schale mit Reis und eine mit Sake, dem traditionellen Reiswein, auf den *butsu-dan*. Er sollte es gut haben im Jenseits.

Für den Umgang mit diesseitigen Gästen bevorzugte Frau Mitsui das „westliche" Wohnzimmer. Ich nahm in einem Sessel Platz, der mich tief einsinken ließ. Auf die Frage nach meinem Appetit auf grünen Tee und Kuchen antwortete ich vorsichtshalber mit: „Nein, danke." In Kyoto galt, so hatte ich mir sagen lassen, von alters her die Zurückhaltung viel.

Eine Einladung war in der alten Kaiserstadt, so lautete die Faustregel, erst nach der zweiten Wiederholung ernst zu nehmen. Folgte man als gutgläubiger Abendländer beispielsweise der Aufforderung eines Kyotoers, ihn doch einmal zu Hause zu besuchen, ohne daß dieser Ruf dreimal an einen ergangen wäre, konnte man zwar damit rechnen, nicht gerade von der Schwelle des Hauses gewiesen zu werden. Der unfreiwillige Gastgeber würde vermutlich sogar gute Miene zum Spiel machen, den Besucher ins Haus bitten und bewirten, aber nur soweit es das Minimum an Etikette erforderte. Eine zweite Einladung würde dem peinlichen Ereignis freilich mit Sicherheit nicht folgen.

Ich hielt mich an die guten Ratschläge, die ich empfangen hatte, lehnte ein zweites Mal schüchtern alle Angebote meiner Hausfrau ab. Inzwischen siedete bereits das Wasser, und fast beiläufig kam dann auch zum entscheidenden drittenmal die Frage. Ich zierte mich nicht länger, und wie selbstverständlich stellte Frau Mitsui grünen Tee und einen etwas schwammigen Kuchen – seine Papphülle zeigte einen Aufdruck in skurrilem Französisch – vor mich hin, vergaß auch nicht, auf den exorbitant hohen Preis der Teeblätter aus Uji hinzuweisen, und begann mit mir über ein unverfängliches Thema zu palavern. Ihr Japanisch war präzise artikuliert und oft ein wenig umständlich – die Kyotoer halten eben starrköpfig an manch antiquierter Höflichkeitsform fest, die der rasende Fortschritt in der Sprechweise anderer japanischer Großstädte schon längst hinweggefegt hat.

Hinter dieser altertümlichen, eleganten Sprechweise verbirgt sich allerdings noch mehr. Kyoto hat es dem Kaiser und der Regierung nie verziehen, daß sie 1868 die Hauptstadt Japans nach Edo verlegt haben, das sie dann prompt in To-kyo, die „östliche Hauptstadt", umbenannten. Seitdem marschiert das ganze Land, und Tokyo mit fliegenden Fahnen voran, forsch den modernen Zeiten entgegen, die nach Kyotoer Weltansicht Industrialisierung, Materialismus, Verwestlichung, sprich: Dekadenz, bedeuten. Das war nicht mehr das Japan, dessen göttliche Kaiser Kyoto über tausend Jahre lang beherbergt hatte.

Die Kyotoer betrieben Kunsthandwerk und Gastronomie und

blieben der Gegenwart gegenüber reserviert; das drückte sich am deutlichsten in ihrem Sprachgebrauch aus.

Aber sie war schön, diese Sprache, bei der die entscheidende Information immer im letzten Wort lag, auf das der ganze Satzbau hinzielte, das wie der Schlußstein in einen Brückenbogen paßte – nur um nachher unverzüglich durch eine winzige angehängte Floskel wieder in Zweifel gezogen zu werden ... So war das eben – für eine eindeutige Information war diese Sprache nicht geeignet, aber für subtile rhetorische Spielereien wie geschaffen.

Ich nutzte eine Atempause meiner *o-ya-san* und fragte höflich nach den Gegenständen, die in einem Regal neben einer überdimensionalen Lautsprecherbox aufgereiht standen. Wider Erwarten griff Mitsui-*san* nicht nach den Keramiken, die von Kawai Kanjiro stammten, dem berühmtesten japanischen Töpfer dieses Jahrhunderts, und die pro Stück bestimmt fünfstellige DM-Beträge wert waren, sondern sie holte hinter einer kobaltblauen, exzentrisch geformten Kawai-Vase eine kleine Figur hervor, die einen alpenländischen Bergbauernbuben darstellte und am Sockel mit Hummel signiert war.

Freudestrahlend berichtete sie von ihrem Vorjahresurlaub, der sie innerhalb von zehn Tagen nach Paris, Wien, Salzburg, Innsbruck und München geführt hatte. In der Tiroler Landeshauptstadt hatte sie sich so wie ihre Mitreisenden mit diesen zauberhaften, süßen Figuren eingedeckt. Schön. Die Höflichkeit gebot anerkennende Worte und eine Mimik, die so etwas wie Heimweh ahnen ließ. Ich brachte beides fertig. Sie war zufrieden.

Nun wolle sie mir meine Mitbewohner vorstellen, beschloß meine Hausherrin, verschwand nach draußen und trommelte in kürzester Zeit meine drei Nachbarn zusammen: Yamamoto, ein Jura-Doktorand, der die meiste Zeit des Tages vor seinem Computer verbrachte, Nakano, der gerade erst die Aufnahmeprüfung für die Kyoto-Universität geschafft hatte und erst einmal eine Zeitlang von den Anstrengungen der „Prüfungshölle" – so der japanische Ausdruck – ausspannte, und – Elmar, ein Philosoph aus Augsburg.

Das Problem mit dem leeren Zimmer löste sich teilweise von alleine. Nach der Vorstellung meiner neuen Mitbewohner erkundigte sich die *o-ya-san* nach der Ausstattung meines Haushaltes. Hatte sie noch zwei Tage zuvor, in Gegenwart von Frau Ohashi darauf bestanden, ich müsse zur Kenntnis nehmen, daß das Zimmer ohne jede Einrichtung vermietet werde, so sprang sie nun plötzlich auf, begann in ihren Schränken zu wühlen und förderte Teller, Bestecke und sogar eine Kaffeemaschine zutage. Schließlich nahm sie mich mit ins Nachbarhaus, in „unser" Haus, öffnete

Mein Zimmer bei Frau Mitsui

zwei Schiebetüren, die mir bis dahin verborgen geblieben waren, und brachte einen Raum ans Licht, der bis obenhin mit verstaubten Möbeln und *futon* vollgestopft war. Sie suchte das Wichtigste für mich heraus: einen kleinen, schwarz lackierten und einen massiven, etwa ein *tatami* langen Tisch, beide höchstens dreißig Zentimeter hoch, zwei *futon*, einen zum Unterlegen und einen als Decke. Yamamoto lieh mir dazu aus seinen Beständen eine alte Schreibtischlampe und ein Metallregal.

Ich räumte alles in mein Zimmer und brachte Kleidung, Bücher und Eßutensilien in den Ecken der *engawa* unter, so daß sie hinter den jeweils äußersten Schiebetüren verschwanden und von innen nicht mehr zu sehen waren.

Nach vollbrachtem Werk öffnete ich die Türen auf der Gartenseite, setzte mich auf meine *tatami* und blickte hinaus, schaute auf das besonnte Moos, den zartgrünenden Momiji-Baum, den Daimonji-Berg, der um diese Jahreszeit von Bäumen der unterschiedlichsten Grünschattierungen überwuchert wurde und förmlich überquoll vor „neuem Grün" – *shin-ryoku* nannten die Japaner die Zeit.

Über Sperrmüll und den Umgang mit der Polizei

Kyoto ist nicht nur atmosphärisch sehr verschieden von Tokyo, es besitzt schon von seiner Lage, Anlage und Umgebung eine völlig andere Qualität. Im Westen, Norden und Osten begrenzen Berge in ungefähr rechten Winkeln die Ebene der Stadt.

Die Anlage Kyotos geht auf die alte chinesische Hauptstadt Chang'an des siebten Jahrhunderts zurück: Die Japaner, die seinerzeit das mächtige chinesische T'ang-Reich in jeder Hinsicht kopierten, übernahmen den geometrischen, exakt nach den vier Himmelsrichtungen ausgerichteten Stadtplan der Metropole des Reiches der Mitte. Bis heute hat der nahezu perfekte, rechtwinklige Straßenplan Kyotos die Zeiten überdauert. Alle größeren Straßen haben Namen, die Hauptverkehrsadern der Ost-West-Achse sind, von Nord nach Süd „Erste" bis „Zehnte" Straße benannt.

Das geeignete Verkehrsmittel für diese Stadt, die also fast ausschließlich flache, parallele Verkehrswege zu bieten hat, war ein Fahrrad. Ich beschloß, mir möglichst schnell eines anzuschaffen. Meine Einmietung hatte so viel Geld verschlungen, daß mein Bares zu der Anschaffung nicht mehr reichte, und das Geld von zu Hause war auch noch nicht eingetroffen. Warum eigentlich nicht einen der vielen herumstehenden, herrenlosen Drahtesel in meine Obhut nehmen? In der Innenstadt klebten an allen Ecken Plakate, in denen die Stadtverwaltung die Massen geparkter Fahrräder an Bahnhöfen und auf Fußgängerwegen anprangerte, die den Verkehr behinderten. Na, wenn das keine gute Tat war, da Abhilfe zu schaffen!

Ich suchte mir ein Fünfgangrad, das groß genug für mich war, im übrigen aber so verlottert und verrostet aussah, daß an meinen lauteren Absichten kein Zweifel bestehen konnte. Beide Reifen waren platt, das Lampenglas zersprungen, Spinnweben klebten an den Reifen. Ich zählte mein gesamtes verbliebenes Geld zusammen, beschloß, zweitausend Yen zur Restaurierung des Gefährts zu investieren und kontingentierte den Rest meiner Barschaft auf zehn Tagesrationen, so daß gerade noch ein Betrag pro Tag herauskam, der zum Überleben reichen würde. Zweitausend Yen und eine Menge Arbeit, das genügte, um aus dem Wrack ein passables Fahrzeug zu machen. Die Gangschaltung funktionierte aalglatt, und an den Linksverkehr hatte ich mich rasch gewöhnt.

Das Fahrrad lief sogar so gut, daß ich darüber fast vergessen hätte, daß nun schon der vierzehnte Tag nach dem Hilferuf an meine Eltern verstrichen war und mein Kontostand unverändert auf der Mindesteinlage von fünfhundert Yen, sechs Mark fünfzig nämlich, stagnierte. An diesem Nachmittag radelte ich durch den Park um den Kaiserpalast, der in Kyoto zum größten Teil für die Öffentlichkeit freigegeben war. Der Kaiser wohnte ja nicht mehr hier. Die Wege, die durch den Park führten, waren grob geschottert, doch hatten sich durch regen Zweiradverkehr Spuren gebildet, in denen leicht zu fahren war. Geriet man allerdings in den Schotter, wurde das Treten und das Lenken ganz unmöglich, da die Unterlage wegrutschte. Vorsichtiges Manövrieren war also geboten. An der Ecke der Palastmauer im Park wartete ein Polizeiauto. Ein Polizist stellte sich neben die vorbeilaufende Spur und hob die Hand: „*Chotto matte* ... – einen Moment!" Und dann etwas unsicherer: „Sprechen Sie Japanisch?"

„Ja", erwiderte ich. (Später erzählten mir Japaner, daß ich das nicht hätte zugeben dürfen. Polizisten beschäftigten sich ungern mit *gaijin,* die sie nicht verstanden.)

Er, wieder selbstbewußter: „Wem gehört das Fahrrad?"

„Mir", sagte ich fest.

„Wo haben Sie es her?"

„Von der Straße. Gar nicht weit von hier."

„*Are?!*"

Ehrlich währt am längsten. Warum nicht die Wahrheit? Bei den Verkehrsproblemen in dieser Stadt ... Ich erklärte ihm, so gut es ging, wie ich das Rad entdeckt hatte, wie es offensichtlich vom Besitzer vergessen worden war und in welch jämmerlichem Zustand es sich befunden hatte. Nun suchte der Polizist den Rat seines Kollegen. Wir gingen zum Streifenwagen, und nach kurzer

„O-mawari-san" – Herr Nachbarschaft – nennen die Japaner ihre Wachtmeister

Beratung entschieden die beiden, die Zentrale anzurufen.

„Wir haben hier einen Ausländer, der behauptet, er hat sein Fahrrad vom Müll."

„Spricht er Japanisch?" quäkte es aus dem Funksprechgerät.

„Genug, denke ich."

„Gut, dann bringt ihn doch mit."

Zusammen mit meinem schönen Fahrrad wurde ich in das Polizeiauto gepackt und zur Zentrale gebracht. Dort bemühten sich nicht weniger als vier Polizisten an die drei Stunden lang abwechselnd, mir die Schändlichkeit meines Tuns begreiflich und nebenbei den wirklichen Besitzer des Zweirades ausfindig zu machen. Keines von beidem gelang.

Sie: „Das ist fremdes Eigentum."

Ich: „Der Eigentümer hatte offensichtlich kein Interesse mehr daran."

Sie: „Aber es ist gegen das Gesetz."

Ich: „Müll von der Straße aufzulesen?"

Schließlich erklärte mir einer der Beamten, daß die Sache in Ordnung gebracht werden könne, wenn ich eine schriftliche Entschuldigung unterzeichnen und versprechen würde, so etwas nie wieder zu tun. Ich unterschrieb und versprach. Das Fahrrad bekam ich trotzdem nicht wieder.

Am selben Abend bat ich Elmar um einen Kredit, und am nächsten Morgen kaufte ich beim Fahrradhändler um die Ecke ein altes, rotes Fahrrad ohne Gangschaltung für achttausend Yen. Der Händler trug die Fahrgestellnummer und meinen Namen zusammen mit dem Kaufdatum in ein dickes, schwarzes Buch ein. Vor der Tür seines Ladens stand ein Lkw, dessen Fracht aus einem ganzen Berg heruntergekommener, verrosteter Fahrräder bestand. Ein Mann hockte mitten in dem Stangenhaufen und fischte brauchbare Teile heraus.

An einem der nächsten Tage entdeckte ich wieder einen Haufen Gerümpel, der sich am Rand der Straße türmte. *Ogata-gomi* hatte jemand mit Kreide daraufgeschrieben – Sperrmüll. Ein neu aussehendes Fernsehgerät war dabei, eine elektrische Gitarre, eine durchaus brauchbare Kommode. Mir aber stach ein anderes

„Juwel" ins Auge: ein gewaltiger Ventilator auf einem mannshohen Gestell. Den mußte ich haben, bevor er von ignoranten Müllkutschern entführt wurde, aber diesmal wollte ich sichergehen. Keine Konflikte mit der Amtsgewalt.

Ich betrat den benachbarten Laden, aus dem das Gerümpel zu stammen schien, und grüßte. Der Inhaber starrte mich mit ungläubigen Augen an, als ich ihm meinen Wunsch vortrug. Japaner nehmen nichts aus dem Müll, solange sie sich noch irgendwo über der untersten Stufe der sozialen Leiter festklammern können; gebrauchte Gegenstände sind ihnen grundsätzlich suspekt. Ich baute wieder einmal auf meinen *Gaijin*-Bonus – meine Narrenfreiheit. Sie wirkte. Mit vereinten Kräften zerrten wir den Ventilator aus dem Haufen heraus.

„Schön alt, diese Sachen", bemerkte ich, um irgend etwas zu sagen.

„Ah, tonde-mo-nai! – Um Gottes willen, nein!" beteuerte der Händler und ruderte dabei mit den Armen. „Alles neu, ganz neu!" Offensichtlich hatte er Angst, daß ich einen Rückzieher machen würde.

Als ich das gute Stück aufgeladen hatte und meiner Wohnung zustrebte, fragte ich mich, wer wohl glücklicher war: der Händler oder ich?

Mein japanischer Alltag

Zwei Nachteile besaß „unser" Haus. Es hatte erstens keine Küche und zweitens kein Bad. Das heißt, ein Badezimmer war sehr wohl vorhanden, sogar mit einer antiken Badewanne aus *hinoki,* dem haltbarsten und teuersten aller japanischen Hölzer, aber das

Nachbar Elmar demonstriert, wie man auf einem Futon schläft

Wichtigste fehlte: heißes Wasser. Frau Mitsui hatte aus Furcht vor ihren unvorsichtigen Studenten die Gasleitung zum alten Haus abklemmen lassen und im Lauf der Jahre Zimmer und Zuber mit alten Möbeln, Kisten und Brettern vollgestellt. Die japanische Lust am heißen Wasser hatte mich schon zu diesem Zeitpunkt so infiziert, daß ich das Brachliegen der schönen alten Wanne zutiefst bedauerte, wenn ich auch die Angst der Mitsui-*san* vor dem Feuer bis zu einem gewissen Grad teilte.

Mein Mitbewohner Yamamoto wußte Abhilfe. Jeden Abend besuchte er das öffentliche Badehaus, und er lud mich ein, ihn zu begleiten.

Auch heute noch setzt auf Japans Straßen allabendlich zwischen sieben und neun Uhr ein reger Verkehr von Fußgängern ein, die unter dem Arm ihre Badeutensilien, bestehend aus Plastikschüssel, Handtuch, Einseiftuch, Seife, Rasierzeug und frischer Kleidung, tragen. Es handelt sich dabei um den Teil des Volkes, der sich aus finanziellen oder räumlichen Gründen kein Badezimmer leisten kann und zum Zweck der Körperpflege das *sento*, das Badehaus, aufsucht. Diese Gruppe ist immerhin so groß, daß das *Sento*-Netz ähnlich dicht ausgebildet ist wie das der Lebensmittelgeschäfte.

Auch das von Yamamoto bevorzugte kleine Badehaus war von unserem Domizil zu Fuß in nur fünf Minuten zu erreichen. Auf der Rückseite hatte sein Besitzer eine Tür zum Heizraum offenstehen lassen, die den Blick zu einem eindrucksvoll bullernden Großofen freigab. Vor der Tür lagerten Stöße von altem Bauholz, das zur Verfeuerung verwendet wurde. Die verbreitete Holzbauweise in Verbindung mit der Neigung, Häuser häufig abzureißen und neu zu bauen, sorgte für einen nie abreißenden Nachschub an Heizmaterial für heißes Wasser.

Wer sich dem Element Wasser besonders verbunden fühlt, wird in Japan immer auf seine Kosten kommen, dafür sorgen schon die natürlichen Gegebenheiten und die offensichtliche Lust der Japaner am Umgang mit dem Naß. Die gefährliche geotektonische Lage des Landes auf dem Rücken des Magna-Fossa-Grabens bedroht den Menschen zwar mit Erdbeben, Vulkanausbrüchen und gelegentlich *tsunami*, seismischen Flutwellen, sorgt aber gleichzeitig dafür, daß allenthalben Quellen aus dem Boden sprudeln, mit Wasser, das von lauwarm bis kochendheiß und von reinem H_2O bis zu Laugen aus den obskursten Chemikalien variiert.

Im Naturzustand nennen die Japaner ihre heißen Quellen *onsen*, ein Wort, das der Einfachheit halber auch gleich für die Bezeichnung eines Ortes gebraucht wird, der solche besitzt. Das domestizierte *onsen*, das Badehaus nämlich, heißt dagegen *sento* und bildete früher, als sich nur die „oberen Zehntausend" eine private Badewanne leisten konnten, einen populären Treffpunkt für die gesamte Bevölkerung. Während im Europa des sechzehnten und siebzehnten Jahrhunderts den einschlägigen Quellen zufolge auch an den Königshöfen munter vor sich hin gestunken wurde, fanden die Portugiesen, Spanier, Holländer und Engländer, die zur gleichen Zeit in Fernost landeten, die damals schon hochentwickelte Badekultur nur in einer Hinsicht bemerkenswert: Sie empörten sich heftig über das schamlose Zusammensein von Männlein und Weiblein im selben Zuber und ihr unbefangenes Verhalten in nacktem Zustand. Einige Jahrhunderte brauchten die abendländischen Zivilisationskommissare dann noch, um den Japanern ordentliches Benehmen beizubringen, und so blieben seit der Besetzung der Inseln und ihre „Umerziehung" durch die Amerikaner nach dem verlorenen Zweiten Weltkrieg die Abteilungen für Männer und Frauen getrennt.

An der Frontseite des Bades, dem Yamamoto und ich zustrebten, warteten – wie es sich gehörte – zwei nebeneinanderliegende Türen auf die Besucher. Sie führten zu zwei spiegelbildlich identischen Umkleideräumen. Eine knapp übermannshohe Trennwand dazwischen verhinderte den Anblick von Nackten des anderen Geschlechtes. Direkt vor der Eingangstür waren drei Meter der Zwischenwand durch eine offene Box für die Bademeisterin ersetzt, die solchermaßen Einblick in beide Sphären hatte. Sie war die einzige, die in den Genuß eines solchen Privilegs kam. Vermutlich fühlte sie sich deshalb moralisch verpflichtet, möglichst so desinteressiert dreinzuschauen, daß sie schon eher unfreundlich aussah.

Die Umkleideräume waren mit Holzschränken und Waschkörben für die Kleidung, mit einer Sitzgruppe und einem Bücherregal voller Comics, mit Spiegeln, Waagen und dem unvermeidlichen Fernseher ausgestattet und vom eigentlichen Bad durch eine raumhohe Glasfront abgetrennt. Wiederum spiegelbildlich identisch waren die Badesäle aufgebaut.

Ich schob die gläserne Schiebetür auf und trat ein. Von den gekachelten Wänden schallten alle Geräusche aus der Männer- wie aus der Frauenabteilung mehrfach durch den Dampf der Halle wider. Ein unangenehmes Gefühl beschlich mich – das Gefühl, beobachtet zu werden. Aus dem Dunst schielten einige Augenpaare nach mir. Natürlich wußte ich, daß sich unter männlichen und auch weiblichen Japanern hartnäckige Vorurteile über die sexuellen Fähigkeiten und Werkzeuge des weißen Mannes hielten; so etwas soll es ja bei uns gegenüber Schwarzen auch geben. Das mußte bei einem persönlichen Zusammentreffen mit einem entblätterten *gaijin* natürlich verifiziert werden. Dabei konnte ich froh sein, daß ich nicht dem anderen Geschlecht angehörte. Bei meinem ersten Aufenthalt in Japan war ich mit einem deutschen Mädchen in einem der wenigen Badehäuser gewesen, wo man noch gemeinsam baden durfte. Ziemlich rasch hatten wir damals festgestellt, daß von dieser Erlaubnis außer meiner Begleiterin kein weibliches Wesen Gebrauch zu machen gewagt hatte und die zahlreichen anwesenden Männer Beine und Busen meiner Begleiterin unverhohlen anstarrten. Wir hatten dann auch bald wieder die Flucht ergriffen, und von da an achtete ich genauer auf das Verhalten der Männer den Frauen gegenüber.

In Japan herrscht eine weithin puritanische Moral, die eher an Erzählungen aus den dreißiger Jahren in Europa erinnert. Jungen und Mädchen haben fast keine Gelegenheit, sich zu treffen und einander unbefangen kennenzulernen. Die Geschlechterrollen sind klar definiert; die beiden Pole liegen viel weiter auseinander als bei uns, was das gegenseitige Verständnis erheblich erschwert und die Spannung zwischen beiden Geschlechtern verschärft.

Nach meiner Einschätzung haben besonders Männer oft die größten Schwierigkeiten, mit Frauen unverkrampft umzugehen, und das ängstliche Bestreben der jungen Mädchen und Frauen, sich ja nichts zu vergeben, fördert meiner Meinung nach geradezu das nahezu neurotische Verhalten der japanischen Männer.

All das ging mir durch den Kopf, als ich den Badesaal betrat. Ich beschloß, Ignoranz zu üben. Dann blickte ich mich erst einmal ein bißchen genauer um in der Dampfhalle. Rundherum ragten in Kniehöhe Paare von Wasserhähnen aus den Fliesenwänden. Als Reinigungswilliger setzt man sich auf ein Plastikschemelchen davor und mischt sich kaltes und heißes Wasser in die mitgebrachte Plastikschüssel, deren Inhalt schließlich über den Kopf oder einen anderen Körperteil gegossen wird. Es folgt das Einseif-Ritual, das allem Anschein nach aus japanischer Sicht nur in dem Fall als geglückt angesehen wird, wenn der gesamte Körper von einer Schaummasse eingehüllt ist. Mit dem rauhen Einseiftuch rubbelt man sodann alle Körperteile einzeln ab, übergießt sich wieder mit seiner individuellen Wassermischung und darf dann, erst dann, in die Becken steigen.

Im heißen Wasser aalten sich mehrere andere Nackte, die, allen einschlägigen Erfahrungsberichten über *gaijin* in japanischen Badehäusern zum Trotz, das Becken bei meinem Eintauchen keineswegs verließen. Es gab da nämlich die allseits beliebten und gewöhnlich noch die fadeste Party-Konversation wieder aufpäppelnden Anekdoten von den arglosen Ausländern, die sich angeblich *in* der Wanne wuschen, was von japanischer Seite ungefähr so empfunden werden muß, als ob sich jemand mit Straßenschuhen zu einem ins Bett legt.

Die Realität stellte sich mir eher umgekehrt dar: Immer wieder konnte ich Japaner beobachten, die den Badesaal betraten und, ohne sich zu waschen, in die Heißwasserbecken tauchten. Solches Verhalten entging den besser erzogenen Badehausgästen keineswegs, doch blickten sie immer nur peinlich berührt zur Seite oder stiegen eilig aus dem Bassin, getreu der Devise, jedermann sein Gesicht wahren zu lassen.

Draußen an den Glastüren klebten Plakate der Badehaus-Innung, auf denen fette *Sumo*-Ringkämpfer im Wasserbecken zu einer Unterschrift posierten, die, im typisch japanischen Suggestivstil verfaßt, den Leser unter moralischen Zugzwang setzte: „Laßt uns doch korrektes Badeverhalten üben!" Auf dem Kopf trug der grinsende Fettkloß ein ordentlich zusammengelegtes Handtuch, was auf eine andere Unsitte verweisen sollte, nämlich die, das unhygienische Tuch ins Wasser mitzunehmen und es dort zum Zweck der Bedeckung als unschicklich geltender Körperpartien zu verwenden. Dazu war das weiße Tuch auch gedacht, jedoch nur außerhalb des Wassers. Im Becken gehörte es auf den Kopf. Acht von zehn männlichen Badehausbesuchern gingen trotzdem mit vorgehaltenem Handtuch ins Wasserbecken. Daraus folgerte ich, daß ich nicht unbedingt ein kulturelles Tabu verletzte, wenn ich gemeinsam mit zwei anderen Mutigen auf das lästige Feigenblatt verzichtete – nicht zuletzt mit der unbeabsichtigten Konsequenz, daß nicht wenige Männer versuchten, mit schielendem Blick den Wahrheitsgehalt der schon beschriebenen Vorurteile zu überprüfen.

Übrigens führte das unhygienische Tun mancher Badegäste nicht notwendigerweise zu ernsten Problemen. Ich infizierte mich nicht ein einziges Mal mit Ausschlägen, Pilzen oder sonst einer Krankheit, wie man das bei der Menge der Besucher und den Treibhaustemperaturen von Hallen und Wasser eventuell erwarten konnte.

Wenn hier von heißem Wasser die Rede ist, dann muß das mehr als wörtlich genommen werden. Selbst nach Monaten regelmäßiger Gewöhnung gelang mir das Eintauchen in das siedende Wasser nur, wenn ich es so schnell wie möglich hinter mich brachte, um, einmal drin, sofort jede Bewegung einzustellen. Erst nach Minuten schmerzhaft-wohliger Akklimatisierung war an ein vorsichtiges Ausstrecken der Glieder zu denken. Mein Herzschlag beschleunigte sich, über mein aus dem Wasser ragendes, krebsrotes Gesicht begann der Schweiß zu strömen, bis ich es nach wenigen Minuten nicht mehr länger aushielt und das Becken wieder verließ. Manche *sento* blieben auch nach einem Jahr Training für mich unbenutzbar, weil ich ihre Heißwasserbecken nicht einmal eine Minute ertragen konnte. Am meisten Spaß machte mir dagegen ein Badehaus in der Nähe mit einem Kaltwasserbecken von angeblich vier Grad, das ich zu prickelnden und erfrischenden Wechselbädern benutzte.

Nach dem Baden ist der Mensch gewöhnlich hungrig. Kleine Restaurants, die einheimisch, chinesisch oder annähernd europäisch kochten, gab es in dem Viertel um den Yoshida-Schrein reichlich. Es dauerte gar nicht lange, bis ich mir eines zum Stammplatz erkor. Das „Takasago" in der Straße Kitashirakawa war bald mein Favorit. Kam man zur Tür herein, erblickte man zuerst eine breite Theke, die den Raum etwa im Verhältnis eins zu zwei teilte und ein paar Meter vom Eingang rechtwinklig so abbog, daß der Gastraum die Form eines L bildete. Links oben in der Ecke stand auf einem Brett ein Fernsehgerät, in dem die allabendlichen

Baseball-Matches übertragen wurden, die in Japan ungefähr den Beliebtheitsgrad der deutschen Fußball-Bundesliga erreichen, nur daß sie täglich ausgetragen werden. Die Wände des Restaurants waren mit Papptafeln behängt, auf denen die erhältlichen Speisen angezeigt wurden.

Gegessen wurde am Tresen; waren alle Hocker dort besetzt, nahm man auf Bänken dahinter Platz und wartete, bis man an die Reihe kam. Oft ergab sich dabei die Gelegenheit zu einem Plausch, bis die Wirtin zu einem freien Platz an die Theke rief.

Die Zubereitung der Speisen einschließlich des Geschirrspülens fand – für alle sichtbar – hinter der Barriere statt. Der Wirt

Essen in Japan: ein kulinarischer und ästhetischer Genuß

hantierte unter großen Abzugshauben mit Pfannen, Messern und Friteusen, daß es eine wahre Lust war, ihn zu beobachten. Er kochte alleine, doch selbst bei überfülltem Haus sah man ihn nie in Hast oder Hektik verfallen. Er arbeitete zügig, schweigsam und konzentriert, ohne auch nur eine überflüssige Bewegung zu machen. Die Wirtin war offensichtlich seine Gattin, die Serviererin seine Tochter. Ohne viel Worte harmonierte diese Familie wie ein Uhrwerk, um Abend für Abend Hunderte von Gästen zu versorgen.

Das Essen selbst war typisch für Japan: Zu jedem Menü reichte man *miso,* eine Suppe aus Sojabohnenpaste, und Reis. Die wichtigsten Hauptspeisen waren Meeresfrüchte aller Art, dazu gab es ein paar Fleischgerichte, und alles wurde grundsätzlich frisch zubereitet.

Extra gereicht wurden Spezialitäten wie *atsu-age* – fritierte Tofu-Würfel, *tsukemono* – in sauer-scharfe *Miso*-Paste eingelegtes Gemüse, von denen in Kyoto unzählige verschiedene Arten existierten, *hijiki* – Seetang, *agenasu* - fritierte Auberginen, *horenso* – Spinat mit Sesamkörnern, *katsuo-no-tataki* – ganz leicht angebratener, innen noch roher Bonito-Fisch und dergleichen Leckerbissen mehr.

Statt einer großen Getränkepalette offerierte das „Takasago" verbeulte Blechkannen voll *hoji-cha,* Getreidetee, auf dem Tresen, aus denen sich jeder nach Belieben umsonst bedienen durfte.

Daß Speisen in Japan prinzipiell nicht nur frisch und wohlschmeckend, sondern auch auf ansprechende Weise für das Auge präsentiert sein mußten, war auch für das „Takasago" selbstverständlich. Und das Beste an allem war die Tatsache, daß ein opulentes Menü nur zwischen vierhundertfünfzig und sechshundert Yen kostete, sechs bis acht Mark also. Trinkgeld war nicht erwünscht.

Mein Schulsemester begann und damit der Einstieg in meinen japanischen Alltag, in die Routine täglich sich wiederholender Gänge und Verrichtungen.

Der Unterricht meiner Sprachschule fand an den fünf Wochentagen jeweils von halb zwölf bis vier Uhr nachmittags statt. Nach einem Einstufungstest steckte man mich in die *Chukyu*-Klasse, den Mittelkurs, in dem neben einigen Koreanern, Taiwanesen und einem Mädchen aus Hongkong auch eine Amerikanerin, ein deutscher Missionar und ein ältlicher Herr, der als Herkunftsort hartnäckig den Planeten Uranus angab, in Wirklichkeit aber einen britischen Paß besaß und aus Argentinien stammte, vertreten waren.

Wie zu erwarten gewesen war, empfand ich die ersten Unterrichtswochen als einen Sprung ins kalte Wasser mit Angst vor dem Ertrinken. Ganze Schulstunden lang verstand ich überhaupt nichts – und schon gar nicht die Antworten auf meine Fragen. Ein Video-Kurs sollte uns eine Fernsehsendung für Kinder näherbringen, von der ich aber auch nach der dritten Wiederholung samt schriftlicher Vorlage des gesprochenen Textes höchstens zwanzig Prozent zu entschlüsseln vermochte.

Die Lehrerinnen beherrschten wohl fast alle Englisch, doch wollten sie absolut keinen Gebrauch davon machen. Mir fehlten dringend die präzisen Erklärungen und die nachvollziehbaren Regeln.

Die chinesischsprachigen Mitschüler hatten mit der japanischen Schrift fast keine Probleme, die koreanischen weder mit der Schrift noch mit der Grammatik, und allen Asiaten fiel das akustische Verständnis der japanischen Lautfolgen sichtlich leicht. Ihr Lerntempo war einfach unglaublich und brachte einen fast täglich feststellbaren Fortschritt mit sich, während wir Abendländer dauernd mit Rückschlägen und Frustrationen kämpften – ausgenommen vielleicht der Missionar, der sich höherer Kräfte bedienen konnte. Erneut stellte ich mir die Frage nach dem Sinn des vergangenen Studienjahres und der Beschäftigung mit Japan überhaupt.

Sich schlagen und vertragen

Das japanische Schriftzeichen mit der Bedeutung „Weg" liest sich *michi.* Tritt es jedoch als Bestandteil einer zusammengesetzten Vokabel auf, lautet die korrekte Lesung in den meisten Fällen *do,* seltener auch *to,* und als solches haben auch halbwegs interessierte Bundesbürger schon von ihm gehört: *Ju-do,* der „sanfte Weg"; *Ken-do,* der „Weg des Schwertes", Schwertkampf; *Ai-ki-do,* der „harmonische Weg" (wobei allein die Bedeutung des Zeichens *ki* zwei Seiten im *Kanji*-Lexikon füllt); *Bu-do,* der „Weg des Kriegers", Kampfsport insgesamt; *Shin-to,* der „Weg der Götter", die japanische Urreligion. Weniger bekannte Kombinationen sind: *Kyu-do,* der „Weg des Bogens", Bogenschießen; *Sa-do,* der „Weg des Tees", die Teezeremonie; *Ka-do,* der „Weg der Blumen", Ikebana; *Sho-do,* der „Weg der Schrift", Kalligraphie, Schönschrift; und dergleichen mehr.

Die Auswahl macht schon deutlich, welche *do* auch in der Bundesrepublik vorzugsweise bekannt geworden sind: die Kampfsportarten. Genauso deutlich macht es freilich auch, welche Verengung das Interesse der Abendländer an den „exotischen" Kulturen mit sich brachte – es importierte aufregende Kampfsporttechniken, es ignorierte die für Europäer schwer begreifliche Tatsache, daß Japaner Sport, Religion, Philosophie, Hobby unter einen Hut bringen, und dieser Hut heißt eben *do. Do* hat für

Japaner, auf eine einfache Formel gebracht, die Bedeutung „Weg zur persönlichen Vervollkommnung".

Daß diese Vervollkommnung nicht auf den Körper oder den Geist allein beschränkt sein darf, sondern Methoden verlangt, die am besten mit der auch bei uns populär gewordenen Vokabel „ganzheitlich" umschrieben werden, zeigt das Fehlen eines „Wegs der Studierstube" oder eines „Wegs der Philosophie" oder was sonst auf der Basis westlichen Bildungsbürgertums denkbar wäre, war für Japaner ohnehin noch nie eine Frage.

Gleichermaßen fraglos pflegen die Japaner seit jeher die Überzeugung, daß unterschiedliche, aber grundsätzlich gleichwertige *do* existieren, so wie unterschiedliche menschliche Charaktere existieren. Kein „Weg" kann beanspruchen, eine wie auch immer geartete Wahrheit zu besitzen, die ihn über einen anderen stellt.

Shinto-Fest am Imamiya-Schrein in Kyoto

Und noch nie in der japanischen Geschichte gingen die Jünger eines *do* auf einen Kreuzzug zur Bekehrung oder Vernichtung von Ungläubigen. Die Zugehörigkeit zu einer bestimmten Religion wird ähnlich bewertet wie die Mitgliedschaft in einer namhaften Ikebana-Schule. Alle fühlen sich letztlich auf der Suche nach demselben Ziel.

„Japan studieren" bedeutete für mich, ein Stück auf einem oder zwei der „Wege" mitzugehen. Anspruch, auf der Suche nach einem bestimmten Ziel zu sein, erhob ich gar nicht; wenn ein solches auf dem Weg irgendwo am Horizont sichtbar werden würde, hätte ich zwar nichts dagegen, doch beschlich mich eher das Gefühl, daß der Gedanke an ein Ziel, eine noch so schemenhafte Vorstellung davon, mich nur von so einem Weg abbringen würde. Wo der Weg wirklich entlangführte, würden die überlieferten Regeln eines *do* und würde mir der *sensei*, der Meister, zeigen. Entweder würde ich dann im Laufe der Zeit eine unklare Vorstellung von einem Ziel erwerben, oder die Notwendigkeit würde verschwinden, überhaupt eines haben zu müssen.

Doch wie gesagt, höhere Ziele interessierten mich vorerst nicht. Ich wollte etwas für Körper und Seele tun, die Rolle eines *sensei* studieren, dessen umfassende Autorität uns mißtrauischen Europäern nicht ganz geheuer sein konnte, und den Aufbau und das Funktionieren eines *dojo*, dem „Ort eines *do*", wie die wörtliche Übersetzung lautet. Unter *dojo* ist also zuerst der Platz zu verstehen, wo die Unterweisung in der Kunst eines „Weges" stattfindet, aber auch die Gesamtheit der Trainierenden, der „Verein" sozusagen.

Die Trommel hatte einen Durchmesser von etwas über einen Meter. Geschlagen wurde sie mit einem Holzklöppel, der ungefähr die Form und Ausmaße eines Baseballschlägers hatte. Bei jedem Schlag bebte der Holzplankenboden des gesamten Tempels.

Etwa sechzig Leute, Männer und Frauen jeden Alters in weißen Anzügen mit einem Swastika-Zeichen auf der Brust, standen in ordentlichen Reihen, Gesicht nach vorne, in einer Art „Stillgestanden". Sie konzentrierten sich auf das harte Dröhnen, das nun immer schneller und schneller wurde, bis es mit einem schrillen Schrei unvermittelt abbrach. Dann noch drei schwere, gravitätische Schläge mit langen Pausen dazwischen.

Der die Trommel schlug, war ich. Was sich da abspielte, war der Beginn eines ganz normalen Trainings meines *dojo* für *shorinji kempo*.

Auf die Trommel folgte die etwa zehnminütige Rezitation des *Shorinji*-Grundsatzbekenntnisses im Chor, unterbrochen nur von einigen Minuten Meditation im Sitzen. Diese Zeit sollte der „Vereinigung des Denkens", der Konzentration dienen. Danach mehrmaliges rituelles Grüßen. Man legte dazu die Hände aneinander, spreizte die Ellbogen waagerecht nach außen und hob die Finger ans Gesicht.

Schließlich erschien der Meister, Morikawa-*sensei*, Priester, ein etwa sechzigjähriger, drahtiger Mann. Wir grüßten, flitzten dann zu unseren Taschen und holten Papier und Bleistift, denn er hielt uns nun einen Kurzvortrag über die hinter diesem Kampfsport stehende Philosophie, den sogenannten *kon-go-zen*. Das war also mein erster Kontakt mit dem mysteriösen Zen, und wie zu erwarten, blieb mir die priesterliche Botschaft der folgenden zwanzig Minuten ein komplettes Rätsel. Nach dem Vortrag wieder rituelles Danken. Jetzt, nach über einer halben Stunde, begann erst das, was wir in Europa als Training bezeichnen würden und trotzdem nicht sehr viel damit zu tun hatte.

★

Shorinji kempo stammt ursprünglich aus China. Die Schriftzeichen des japanischen *shorin* lesen sich chinesisch *shaolin*; das ist der Name des Klosters, wo diese Selbstverteidigungsmethode vor einigen Jahrhunderten entstanden ist. Die Ideologie, die hinter *shorinji* steht, geht davon aus, daß zur Erlangung einer friedlicheren, harmonischen Welt zunächst einmal die charakterliche und körperliche Vervollkommnung des einzelnen notwendig ist. Deswegen soll neben dem Erlernen der Kampftechniken im Training auch Meditation und darüber hinaus als drittes Element das sogenannte *seitai*, eine Massagetechnik, die der Akupressur verwandt ist, ausgeübt werden.

Die Kampftechniken lassen sich in zwei Kategorien einteilen: die „weichen" – das sind dem Aikido und Judo ähnliche Griffe und Würfe; die „harten" – das sind dem Karate verwandte Schläge und Kicks mit Fäusten und Füßen.

Das Emblem des *shorinji* ist die Swastika. Schon lange vor der Entwürdigung durch die Nazis war dieses Mandala ein buddhistisches Symbol in vielen asiatischen Ländern; in Japan trägt es bis heute – z. B. auf Landkarten – die Bedeutung „buddhistischer Tempel".

Shorinji kempo, das in Japan eine eingetragene Religion ist, wird dort von mehreren zehntausend Menschen praktiziert, weltweit, einschließlich China, von etwa 1,2 Millionen; auch in Deutschland gibt es ein paar verstreute *dojo* dieser Art.

Als ich das erstemal bei einem Training zusah, war ich schockiert. Zugegeben, ich hatte mich in Deutschland nie mit irgendeiner Kampfsportart beschäftigt und wußte nicht, wie bei uns trainiert wurde, aber als ich diese Umgangsformen sah, mußte ich mich fragen: Konnte ein so formalisiertes Training überhaupt noch Spaß machen? War der Drill wirklich nötig?

Dabei war ich einfach zu sehr dem europäischen Begriff „Sport" verhaftet – wo ja meistens ein bißchen Spiel, ein bißchen Wettkampf mitklingt; von Vervollkommnung war seit den alten Griechen eigentlich nie mehr ernsthaft die Rede. Den Ausschlag zugunsten dieses *dojo* gab dann ein österreichischer Bekannter, der in seiner Heimat lange Aikido praktiziert hatte und jetzt seit über zwei Jahren in Kyoto den Buddhismus studierte.

„Zum Zen gehört das Leerwerden", erklärte er mir. „Und das kannst du nur auf zwei Wegen erreichen: durch Meditieren oder durch Beschäftigen des Verstandes mit sinnlosen Tätigkeiten, zum Beispiel pseudomilitärischen Prozeduren."

Das schien mir nach längerem Nachdenken einigermaßen plausibel.

„Äußere und innere Disziplin sind schon immer das durchgängige Merkmal der Zen-Schulen gewesen", sagte der Österreicher und fügte noch etwas Wichtiges hinzu: „Das Entscheidende ist die Person des *sensei*. Wenn er dir bei aller Härte doch zutiefst menschlich erscheint, dann geh da hin!"

Das tat ich dann auch, gemeinsam mit Elmar, meinem deutschen Wohnungsnachbarn. Das heißt weniger „ich ging hin" als „man nahm mich auf", und zwar einige Wochen später in einer feierlichen Zeremonie. Morikawa-*sensei* legte an jenem Tag extra sein Priester-Ornat an, sang dann eine lange Litanei am Altar und trank schließlich mit jedem einzelnen der „Neuen" rituell einen Schluck Wein. Wie sich doch die Rituale manchmal gleichen!

Seitdem trainierte ich mindestens dreimal die Woche. Besonders im Sommer, der in diesem Jahr über sechs Wochen lang tägliche Höchsttemperaturen von zweiunddreißig bis siebenunddreißig Grad brachte, war das eine Tortur: Ich verlor jedesmal um die zwei Kilo Gewicht. Wegen der hohen Luftfeuchtigkeit mußte ich aufpassen, daß mein Kampfanzug nicht zu schimmeln anfing.

Das Training verlief in straffen, fast militärischen Bahnen. Es wurde in Reihen angetreten, in Reihen Gymnastik gemacht, auf ein scharfes „*rei!* – Achtung!" gegrüßt, bei jeder Anweisung im Chor gedankt. Trainiert wurde an mindestens drei Abenden die Woche, vor Prüfungen oder Vorführungen auch viel häufiger. Wer nicht zum Training kommen konnte, hatte sich das genehmigen zu lassen, wer zu spät kam, wurde notiert (ich frage mich heute noch, was mit den Listen passierte). Der Unterricht wurde in der traditionellen Weise abgehalten, wobei die Älteren den Jüngeren, die Ranghöheren den Rangniedrigeren, die Schwarzgurte den Weißgurten zeigten, worauf es ankam. Die Weißgurte widersprachen nicht, stellten auch besser keine Fragen, sondern versuchten ihr Bestes, die Älteren zu kopieren und ihren Anforderungen nachzukommen.

In diesem System spiegelt sich eine Organisationsform wider, die fast überall in Japan anzutreffen ist, wo sich eine Gruppe Menschen zusammentut, zu welchem Zweck auch immer: in Schulen, Betrieben, politischen Parteien oder auch Gangsterbanden. Die Regeln stammen wiederum aus China, aus dem Konfuzianismus, einer Lehre, die ganz Asien geprägt und sehr viel Energie auf die Definition von zwischenmenschlichen Beziehungen gelegt hat. Konfuzianische Gelehrte überlegten sich, wie die Beziehungen zwischen den Mitgliedern einer Familie, der Keimzelle jeder Gesellschaft, idealerweise aussehen sollten, und übertrugen ihre Ergebnisse mit ganz genauen moralischen Vorschriften auf andere Gruppen, ja auf den ganzen Staat.

Diese Regeln bestimmen auch die gegenwärtige japanische Gesellschaft.

Bei den *Yakuza*, der japanischen Mafia zum Beispiel, gilt noch heute der Vater-Sohn-Beziehungstyp, japanisch *oyabun-kobun* genannt, der dem *oyabun*, dem „Vater", fast unumschränkte

Weisungsbefugnis gewährt und dem *kobun*, dem „Sohn", bedingungslose Loyalität abverlangt.

Im *dojo* galt der *Sempai-kohai*-Typ. *Sempai* heißt der ältere Mitschüler in der Schule, der dienstälteste Kollege im Betrieb und eben der Schwarzgurtträger im *dojo*, der die Verantwortung und Fürsorgepflicht trägt für den *kohai*, den jüngeren Mitschüler, Berufskollegen oder *Shorinji*-Kämpfer, welcher im Gegenzug zu Gehorsam und ernsthafter Anstrengung moralisch verpflichtet ist.

Bei mir dauerte es eine gewisse Zeit, bis ich meinen Platz in der genau reglementierten Hierarchie des *dojo* fand. „Alter" war hier gleichbedeutend mit „Zeit seit dem Eintritt in den *dojo*". Grundsätzlich hatten alle sozusagen dienstälteren *sempai* das Recht, mir Weisungen zu erteilen. Sehr schnell kristallisierte sich unter ihnen jedoch einer heraus, mit dem ich sportlich wie privat besonders gut zurechtkam.

Im Laufe der Zeit fand ich heraus, daß eigentlich jeder im *dojo* so einen Lieblings-*sempai* besaß, zu dem ganz besonders enge persönliche Bindungen bestanden.

Die älteren Schwarzgurte, die von Morikawa-*sensei* noch selbst in allen Grundbegriffen unterwiesen worden waren, die Jünger der ersten Stunde sozusagen, betrachteten ihn als ihre persönliche Leitfigur, obwohl sie sich selber bereits *sensei* nennen und als Vorbilder für die nachfolgenden Generationen fungieren durften.

Einer aus den Reihen dieser Nachfolger, der schon fünfzehn Jahre trainiert hatte und einen schwarzen Gürtel hielt, hieß Yamamura, und er entwickelte sich allmählich zu meinem bevorzugten Lehrer. Über Yamamura und seinen eigenen *Sempai*-Favoriten mit Namen Hayakawa führte eine direkte Loyalitätskette von mir zum *sensei*.

Genaugenommen ist der ganze *dojo* von solchen vertikalen

Beziehungssträngen durchzogen, die für das „Vereinsleben“ wie auch für das private Dasein von großer Bedeutung sind. Solche persönlichen Bindungen und Verpflichtungen, so fand ich heraus, spielen eine unglaublich wichtige Rolle im gesellschaftlichen Leben Japans und bestimmen Aufstieg und Verfall politischer Parteien, bestimmter Kunstrichtungen, Mafia-Clans, Denkerschulen, Industriekonzerne, Sekten . . .

Yamamura, Anfang Dreißig, war im Zivilberuf Architekt und konnte als Exempel dafür gelten, daß der „Weg zur persönlichen Vervollkommnung“ tatsächlich Früchte tragen konnte, wenn man sich kontinuierlich auf ihm bewegte. Yamamura schien in sich zu ruhen; er hatte sich, soweit ich das beurteilen konnte, vollständig unter Kontrolle. Nie, selbst in angestrengtem, müdem oder betrunkenem Zustand, sah ich ihn nervös, ungeduldig, unsicher.

An seiner sehnigen Gestalt war kein Gramm Fett zuviel, und doch verbarg sich eine ungeheuere Wucht in seinen gelenkigen Fäusten und Füßen. Wenn er mir einen Schlag demonstrierte, bremste er ihn immer so stark ab, daß er haarscharf an der Schmerzgrenze blieb, aber mir trotzdem das untrügliche Gefühl vermittelte, daß er mich bei nur einem winzigen Druck mehr einfach umhauen würde.

So lernte ich Japan buchstäblich hautnah kennen. Es wurde mit Kontakt gekämpft, ein sanfter Ausdruck, natürlich. Der *sensei* legte Wert darauf, uns gerade schmerzhafte Techniken so lernen zu lassen, daß wir wußten, was wir unserem Gegner antaten. Und wir sollten uns an den Schmerz gewöhnen.

Wir joggten an warmen Abenden in scharfem Tempo barfuß durch die Stadt und zählten dabei laut den Takt der Schritte. Wir übten Kicks in die Magengegend, der nur ein windiger Bambusschutz vorgebunden wurde. Die Anweisung lautete „mit voller Kraft“. Wir trainierten das Abrollen nach allen Richtungen ohne

Beim Kampfsporttraining gehört das Schreien dazu

Matten auf dem Holzboden – „der Körper muß die richtigen Bewegungen lernen, unbewußt", sagten unsere Schwarzgurte, womit sie recht hatten. Nach den ersten Tagen mit blauem Rücken begriffen wir sehr schnell, wie die Rollen möglichst schmerzfrei und somit korrekt zu bewerkstelligen waren. Und wir lernten schließlich einige Verteidigungsgriffe, die ohne große Kraft ausgeführt wurden und nur über ausgesucht peinvolle Hebel funktionierten. Bis man genau den richtigen Hebelwinkel „mit dem Körper begriffen" hatte, mußte einem der von einem *sempai* am eigenen Leib demonstriert werden.

Doch wenn ich nach dem Training gleich ins Badehaus ging, konnte ich im heißen Wasser die gröbsten Blutergüsse kurieren. Und ein bißchen mehr Schmerz aushalten lernte ich ja auch.

Drei Monate lang setzte ich mich zwischen drei und sieben Abenden die Woche dieser Tortur aus. Yamamura hatte immer Zeit, wenn ich ihn um eine Extra-Lektion bat. Wir trafen uns dann an freien Abenden im Tempel und trainierten allein. Unendlich oft übte er mit mir die Grundtechniken durch, erklärte, demonstrierte, korrigierte.

Dann legte ich die Prüfung für meinen ersten Gürtel ab. Mit ihm wollte ich mich zufriedengeben, denn ich spürte, daß vom *dojo* ein unausgesprochener Anspruch ausging, der sich mehr und mehr verstärkte, ein Anspruch auf mehr Zeit, Geld (Monatsbeitrag für Anfänger sechstausend Yen, etwa achtzig Mark, ohne die gelegentlich erwünschten Spenden) und Engagement von mir. Wie mir Yamamura erklärte, würde dieser Anspruch noch viel stärker werden, wenn ich weitere Prüfungen ablegte, und zu einer immer engeren Verflechtung von Privat- und *Dojo*-Leben führen. Das wollte ich denn doch nicht. Erstens benötigte ich viel Zeit zum Studieren, zweitens wollte ich mich offenhalten für andere Kontakte, und drittens mußte ich mir, wenn ich ehrlich war, eingestehen, daß *shorinji* mir für einen „Weg" durch ein ganzes Leben, wie manche im *dojo* das betrachteten, einfach zu hart war.

Beim nächsten Training erklärte ich, daß ich auf Grund von *benkyo* – dem Studieren – ab sofort nur noch zweimal die Woche teilnehmen könne. Ich fürchtete mich zwar vor unangenehmen Rückfragen, weil ich schon lange genug dabei war, um mich verpflichtet zu fühlen, aber sie blieben aus.

In dieser Hinsicht sind Japaner erstaunlich unkompliziert. *Benkyo* – das Studium – oder *shigoto* – Arbeit – gilt auch unkommentiert als ausreichende Entschuldigung; für einfache Verpflichtungen genügt auch ein *yoji-ga aru* – ich habe etwas vor – ohne nähere Erklärung für eine Absage, ohne daß schlechte Gefühle zurückbleiben.

Es gehört zu den japanischen „Wegen", daß man sie problemlos verlassen kann, wenn man merkt, daß sie für einen selber nicht die richtigen sind. Obwohl man in Japan von einem, der „auf einem Weg ist", verlangt, daß er mit Herz und Seele bei der Sache bleibt und Disziplin und viel Engagement zeigt, sind Abschiede hier oft kürzer und schmerzloser als in Europa.

„Einfach zuviel" wurde es Elmar nach einigen Wochen, und er hörte von einem Tag auf den anderen auf. Nach seinem letzten Training trat er vor den versammelten *dojo* hin, erklärte kurz seine Entscheidung – *benkyo* – und wurde mit freundlichem Beifall verabschiedet, ohne ungute Nebengefühle. Es war eben nicht sein „Weg".

Meiner wahrscheinlich auch nicht. Der *Gaijin*-Bonus erlaubte mir aber, mit halber Kraft weiterzutrainieren, den *sensei* und den *dojo* zu studieren, Freunde zu gewinnen und dabei noch etwas für meine Fitneß zu tun. Den Kontakt zu Yamamura wollte ich darüber hinaus um jeden Preis aufrechterhalten.

Zen und die Kunst danebenzuschießen

Meine Entscheidung, beim *shorinji* nur noch mit halber Kraft mitzumachen, hatte freilich noch einen anderen Grund.

Ungefähr zur selben Zeit, zu der ich dort aufgenommen worden war, hörte ich von einem *kyudo-sensei*, einem Meister im Bogenschießen, der eine kleine Ausländerklasse unterrichtete. Man erzählte von ihm, daß er von Beruf eigentlich Bogenmacher sei und einer Familie entstamme, die in einer winzigen Werkstatt in der Nähe der Kreuzung Shijo–Kawaramachi, dem Stadtkern also, seit zwanzig Generationen in ununterbrochener Erbfolge ihr Handwerk ausübe. Er sei einer der letzten beiden Bogenmacher Japans, die die ganze Arbeit noch von Hand und nur auf Bestellung tätigten. Außerdem dürfe er allein sich „Kaiserlicher Bogenmacher" nennen, weil er die Bogen für die kaiserlichen Palastwachen und für den höchsten Shinto-Schrein Japans, den Ise-jingu, fertige.

Er sah unscheinbar aus, der Shibata-*sensei*, als ich eines Tages leibhaftig im Flur seines Hauses vor ihm stand. Er trug farbige Plastikschlappen, eine abgetragene Hose und blickte durch seine Brille ziemlich unwirsch drein. Von der Würde seiner 450jährigen Familientradition war wirklich nichts zu bemerken.

Ich bemühte mich nichtsdestoweniger, die höflichsten Formulierungen zu verwenden, die mein Vokabelfundus nur immer hergab, geriet ins Stottern und wurde schließlich bündig von ihm beschieden: „Komm am Sonntag morgen um neun Uhr wieder, dann kannst du beim Training zusehen."

Am folgenden Sonntag wickelte ich mich um acht schlaftrunken aus meinem *futon* und bestieg den roten Renner, meinen legal erworbenen Drahtesel. Um diese Zeit waren die Straßen leer; ich flitzte die ausgestorbenen Boulevards Richtung Süden hinunter. Selbst an der sonst von Autos überschwemmten Shijo-Kawaramachi-Kreuzung konnte ich bei Rot über die Ampel düsen, und pünktlich um fünf Minuten vor neun stellte ich vor dem unauffälligen, niedrigen Haus, das nur durch die winzige Aufschrift „Shibata-*kanjuro* – Kaiserlicher Bogenmacher" an der Tür Rückschlüsse auf die Art seiner Bewohner zuließ, mein Fahrrad ab.

Schlag neun Uhr drückte ich den Klingelknopf. Es dauerte eine ganze Weile, bis mir geöffnet wurde. Der ebenerdige Flur diente hier gleichzeitig als Garage. Zentimetergenau parkte ein schnittiger Toyota gleich hinter der Tür. In ihm verstaute der Meister mit einiger Mühe gerade einige seiner edlen, mehr als zwei Meter langen Produkte.

Ich stieg ins Auto, der *sensei* startete, steuerte mit sicherer Hand durch die schmalen Einbahngassen bis zu einem Shinto-Schrein in der Nähe des Chishakuin-Tempels und lenkte durch ein Seitentor mitten in den Hof des Schreins hinein.

Gleich unterhalb des Hauptgebäudes lag der *dojo*. Der Bau machte einen leicht verwahrlosten, aber liebenswerten Eindruck. Fünf, sechs blonde Menschen warteten dort bereits, begrüßten ehrfürchtig den Meister und machten sich dann eifrig an die Vorbereitungen zum Schießen.

Gleich hinter der Tür wartete ein Regal auf die Schuhe der Besucher; ein kleiner Umkleideraum bot jenen Platz, die schon die formgerechte Tracht der Bogenschützen besaßen: eine *hakama* – eine Art Hosenrock, ein *dogi* – ein weit ausgeschnittenes, vorn gebundenes, weißes Hemd, an den Füßen nichts oder *tabi* – traditionelle Socken in Schwarz oder Weiß, mit verstärkter Sohle und abgetrennter großer Zehe.

An der dem Eingang gegenüberliegenden Seite wurden Rolladentüren hochgezogen, die den Blick auf ein Stück Rasen freigaben, das zur Linken durch eine Böschung hinauf zum Schrein, zur Rechten durch Bäume und einen Zaun zu einem großen Wohnhaus und nach hinten durch eine niedrige Hütte begrenzt wurde. Die Hütte war zu uns her offen und überdachte einen aufgeschütteten Haufen Erde, an dessen Fuß die Zielscheiben aufgestellt wurden, Sperrholzzylinder, die mit Papier überzogen waren.

Die Plattform, von der aus geschossen wurde, nahm den größten Teil des *dojo* ein und war mit Parkett ausgelegt. Hinter ihr, leicht erhöht und mit Filz bedeckt, eine schmale Fläche, wo Zuschauer sitzen konnten oder die Bogenschützen, die gerade nicht an der Reihe waren. Das war mein Platz für die nächsten zwei Stunden.

Die Unterschiede zum *shorinji* waren gewaltig. Kein lauter Befehl zerriß die sonntägliche Stille, keine heftige Bewegung störte die Konzentration – außer der einen, wenn ein Schütze seinen Pfeil losließ und die Bogensehne sonor in ihre Ausgangslage zurückschnellte.

Der Vorgang des Schießens schien streng reglementiert und dauerte nicht lange. Von der Aufnahme der Pfeile an der Wand, über das gravitätische Schreiten zur Schußposition, der Einnahme der vorgeschriebenen Körperhaltung, dem Einlegen des Pfeiles, dem Visieren, Anlegen, dem eigentlichen Schuß bis zur nachfolgenden Entspannung und der Rückkehr hinter die Schußlinie vergingen höchstens zwei Minuten. Die einzige Abwechslung, die mir auffiel, bestand im einmaligen Wechsel des Zielobjekts. Zuerst diente jedem Schüler ein in Kopfhöhe gelagerter Strohballen, der in ungefähr zwei Metern Entfernung an der Seite stand, als Ziel, bevor nach angemessener Zeit auf die lange Distanz zu schießen begonnen wurde.

Das soll schon alles sein, fragte ich mich, als die Schüler ihre ersten Pfeile zur jenseitigen Hütte gejagt hatten. Immer noch wartete ich darauf, daß irgend etwas passierte. Keine Ahnung, was und wie, aber es mußte doch noch mehr hinter der gerühmten japanischen Bogenkunst stecken als das, was ich hier zu sehen bekam ...

Der *sensei* saß mit gekrümmtem Rücken an der Seite des *dojo* und blickte scheinbar desinteressiert in die Runde. Alles in allem wandte er sich während der zwei Stunden ein-, zweimal an jeden der Schützen. Ansonsten lief das Training gleichförmig vor sich hin. Nur das Schnarren der Bogensehnen und ab und zu leise gemurmelte Worte unterbrachen die sommerliche Stille.

Schließlich klatschte der *sensei* in die Hände. Die Pfeile wurden ein letztes Mal eingeholt und in ihren Köchern verstaut. Alle Schützen nahmen unten auf dem Parkett Platz, nebeneinander aufgereiht und dem Meister gegenüber. Ich schloß mich an und hockte mich bescheiden als letzter ans Ende der Reihe.

„Damit beenden wir das heutige Training", sagte der Meister.

„Wir beenden!" antworteten die Schüler im Chor und: *„Arigato-gozaimas* – danke!"

„Ich möchte euch noch etwas sagen", hob der Meister nun an. „Ich habe euch das zwar schon oft erzählt, aber das macht nichts. *Anno-ne, kyudo* ist kein Sport! Was im Westen Bogenschießen heißt und ein Sport ist, hat mit unserem ‚Weg' nichts zu tun. Dort zählt nur das Treffen. Jeder denkt nur an die Zielscheibe, und wer sie am häufigsten trifft, gewinnt. Bei uns ist das anders. Worum wir uns bemühen, ist ...", und hier bemühte er einen englischen Ausdruck, vielleicht, weil er fürchtete, die Ausländer würden die japanischen Begriffe nicht erfassen können, *„the correct mind."* Im Japanischen hörte sich das übrigens an wie *za korrekuto maindo.* „Wir betreiben *kyudo,* um unsere Seele zu reinigen", fuhr er fort. „Nicht die Technik ist wichtig, nicht das Ziel, nein, unsere Seele ist wichtig, und die läßt sich nicht messen, nicht in Metern, nicht in Sekunden, nicht in Treffern. – Also dann, bis nächsten Sonntag!"

„*Arigato-gozaimas*", tönte noch einmal der Chor der Bogenschützen, die anschließend emsig begannen, das Parkett zu fegen, die Bogen in einen Schrank zurückzustellen und den *dojo* zu schließen.

Wie mir einer der erfahrensten Schüler des *sensei*, der ungefähr vierzigjährige Amerikaner Sean später bei einer Tasse Kaffee erklärte, erwarteten mich – sofern mir das Gesehene zusage – drei Sonntage des ausschließlichen Zusehens, bevor man mich in die notwendigen Techniken einführen würde.

„Früher", lachte er, „mußten die Schüler normalerweise jahrelang am Strohballen üben, bevor sie ihren ersten Schuß auf lange Distanz wagen durften."

„Und wozu sollte das gut sein?" fragte ich.

„Wenn du zwei Meter vor dem Ballen stehst, erübrigt sich jeder Gedanke an das Zielen. Der Meister versucht so, dir die Grundschritte beizubringen, bis du sie im Schlaf beherrschst, ohne daß du in die Versuchung kommst, an das Ziel zu denken."

„Aber wenn es auf das Ziel nicht ankommt, warum dann überhaupt mit einem Pfeil auf eine Scheibe schießen?" erkundigte ich mich vorsichtig.

„Frag doch den *sensei* selber!" lachte Sean wieder.

Das wagte ich zwar am folgenden Sonntag, an dem ich wieder zum Training erschien, noch nicht; ich übte vielmehr die Tugend der Zurückhaltung. Als Zuschauer glaubte ich an diesem Tag bereits Unterschiede im Niveau der verschiedenen Schützen erkennen zu können. Mit dem „Treffen" hatte das tatsächlich nichts zu tun; Sean jagte zum Beispiel seine Pfeile konstant an den

Scheiben vorbei, ignorierte aber, wie zu erwarten, diesen Sachverhalt konsequent. Die Qualitätsunterschiede zwischen den einzelnen Schützen waren wahrscheinlich eher atmosphärisch zu erfassen; entscheidend waren bestimmt die Würde, die Entspanntheit, die Ausstrahlung, die ein Schütze zeigte. Da gab es sehr wohl große Differenzen, die vielleicht gerade deshalb klar zutage traten, weil alle dieselben Figuren vollzogen.

Der *sensei* saß wie beim vorherigen Mal gelangweilt am Rande der Szene, erhob sich aber manchmal unvermittelt, trat auf einen der Schützen zu und korrigierte zum Beispiel eine Armbewegung. Dann schien er es auf Sean abgesehen zu haben. Er stellte sich vor ihn hin und begann, eine falsche Bewegung seines besten Schülers auf groteske Weise nachzuahmen. Urkomisch sah das aus, und alle mußten lachen. Das vergnügte den *sensei* wiederum so sehr, daß er die mißlungene Bewegung noch ein paar weitere Male nachäffte, bis schließlich auch Sean lachte. Der Meister brauchte den Fehler mit keinem Wort zu erklären, aber jedem war sofort klar, worum es ihm ging.

Die Zwei-Minuten-Zeremonie, die unablässig vor meinen Augen ablief, entwickelte in meinen Augen nun doch allmählich ihre Qualitäten. Sie war einfach schön anzusehen. Das Wechselspiel von Spannung und Entspannung, der Kontrast zwischen den ruhigen Vorbereitungen und dem eruptiven Ausbruch von Energie zogen mich in ihren Bann. Der Zweck des *kyudo* mußte etwas mit Schönheit zu tun haben, wenn schon das Treffen nicht wichtig sein sollte. Perfekt war die Zeremonie wahrscheinlich erst, wenn sie vollkommen geriet.

Ich konnte mich des Gedankens nicht erwehren, daß das beim *shorinji* auch nicht anders gewesen war. Von der ursprünglich waffenlosen Selbstverteidigung hatte es sich nämlich zu einer Kampfkunst entwickelt, die so formalisiert war, daß man sich fragen mußte, ob sie einem im Notfall wirklich etwas nützen konnte. Zu jedem Angriff, dessen Bewegungen genau vorgeschrieben waren, gehörte eine Verteidigungstechnik, die genauso exakt festgelegt war. Die Frage nach einem körperlichen Angriff, der im *Shorinji*-Repertoire nicht vorgesehen war, stellte sich erst gar nicht. Es kämpften immer zwei miteinander, die „ihren" Kampf mühsam eingeübt hatten. Jede Bewegung und jeder Reflex dazu waren vorbereitet; der Kampf selber glich mehr einem Pas de deux im Ballett. Also stand letztlich auch beim *shorinji* die Schönheit der Bewegungen im Vordergrund und nicht irgendeine praktische Verwertbarkeit.

Im Falle des Bogenschießens war die herausragende Rolle der Ästhetik überhaupt nicht zu übersehen. Diese Schönheit war mit Technik allein nicht zu erreichen – da mußte schon eine innere Vollkommenheit mitspielen, *the correct mind,* wie es der Meister nannte. Solch eine Vollkommenheit war es sicherlich wert, daß man Jahre ständiger Anstrengung auf sie verwandte. Und auf die Frage des Treffens, die mir dauernd im Kopf herumspukte, gab der Meister nach diesem Training sinngemäß diese Antwort:

„Erst, wenn du das Ziel vollkommen vergessen hast, wirst du es treffen. Du mußt sehr aufmerksam sein: Schon der Wille, nicht an das Ziel zu denken, heißt nichts anderes, als an das Ziel zu denken, nur indirekt. Wenn du etwas vergessen willst, denkst du ja gerade dran."

Ich hatte noch eine Menge zu lernen.

Eine weitere Woche verstrich. Ich besuchte den Unterricht, aß, schlief, ging ins Badehaus, besichtigte ein paar der angeblich 1574 buddhistischen Tempel der Stadt und verbrachte im übrigen viel Zeit in meinem Zimmer, in Betrachtungen des Momiji-Baumes und des Daimonji-Berges vor meinen Türen versunken. Ich stellte fest, daß das Land mich bereits zu verändern begann. Statt meiner Angewohnheit, jeden Tag Nachrichten zu sehen oder zu hören und jede Woche eine gute Zeitung zu lesen – was ich allerdings schon allein deshalb aufgegeben hatte, weil die Nachrichten kaum Auslandsmeldungen brachten und in der kaiserlichen 1,5-Millionen-Stadt keine deutsche Zeitung zu kaufen war –, statt dieser Gewohnheit sinnierte ich nun über Bäume und Berge, machte mir Gedanken über Reisstrohmatten, Kraniche aus gefaltetem Papier und die Anmut bestimmter Bewegungsabläufe.

Ja, sogar die sündhaft teuere Teeschale, die Elmar kurz zuvor erstanden hatte und die aus nichts als grobem Ton geknetet war, der außerdem noch deutliche Spuren seiner Bearbeitung, aber keine Andeutung der Rechtfertigung seines Preises aufwies, begann mir zu gefallen. Ab und zu brachte der stolze Besitzer des unscheinbaren Gefäßes ein Päckchen pulverisierten grünen Tees mit nach Hause. Dann setzten wir uns auf die *engawa*, und Elmar schlug mit einem kleinen Schneebesen aus Bambus drei, vier Schluck des bitteren, grasigen Getränkes schaumig. Die Art, wie er das tat, entsprach zwar nur in Andeutungen dem, was in der „echten" Teezeremonie geschah, aber wir liebten dieses kleine Ritual allen Stilfragen zum Trotz.

Am nächsten Sonntag besuchte ich wieder das Bogenschießen bei Meister Shibata. Ich wunderte mich über seine Art zu lehren. Er erklärte genaugenommen eigentlich nur, wie eine bestimmte Bewegung nicht auszusehen hatte, schoß aber selber kein einziges Mal. Fragte ein Schüler nach einer Erklärung, wie denn die Bewegung auszuführen sei, antwortete er oft mit Gleichnissen. Die meisten davon verstand ich nicht, weniger wegen der Sprachprobleme als aus inhaltlichen Gründen. Eines dieser Gleichnisse habe ich allerdings verstanden und mir gemerkt:

Sean fragte nach dem Moment des Loslassens, wenn man Pfeil und Bogen in Anschlag gebracht hatte und im Zustand höchster geistiger und körperlicher Anspannung einen Moment innehalten sollte. „Wie finde ich heraus, wann ich loslassen muß?"

„So, wie im Winter der Schnee auf ein Bambusblatt fällt", sagte der *sensei.* „Er wird immer mehr und mehr, und plötzlich rutscht der ganze Schnee ab, und das Blatt schnellt nach oben! Es gibt nur diesen einen Moment; unausweichlich kommt er, aber er kommt von selbst und ist genau der richtige, der einzige."

Zur Erklärung der Haltung der linken Hand, die beim Anlegen den Bogen so weit nach vorne drückt, bis der Arm vollkommen durchgestreckt ist, sagte er: „Die Hand hat die Form eines Tigermauls. Aber dieser Tiger hat ein rohes Ei zwischen den Zähnen." Damit spielte er darauf an, daß die ganze Hand den Bogen niemals *greifen* durfte; er lag zwischen Daumen und Zeigefinger, wobei die Handfläche tatsächlich so weit vom Bogen entfernt bleiben mußte, daß ein rohes Ei unversehrt dazwischenpaßte.

So genau war jede Einzelheit der Bogenschießzeremonie festgelegt. Ich beschloß, ab sofort den Namen „Zwei-Minuten-Zeremonie" zu vergessen. Die Summe der Bewegungen ließ sich mit Zahlen nicht ausdrücken. Wo es doch darum ging, daß der Schütze – ein unvollkommener Mensch wie jeder andere – eine vollkommene (und wiederholbare!) Handlung anstrebte ...

Am folgenden Sonntag durfte ich endlich einen Bogen in die Hand nehmen. Sean zeigte mir den Bewegungsablauf. Bei der Einnahme der Schußposition mußte man den Bauch nach vorne, den Po nach hinten hinausstrecken, was ziemlich komisch aussah. Von den Knien aufwärts bis zum Nabel mußten die Muskeln angespannt und in dieser Spannung gehalten werden. Der Oberkörper dagegen sollte völlig entspannt sein und konzentriert, mit

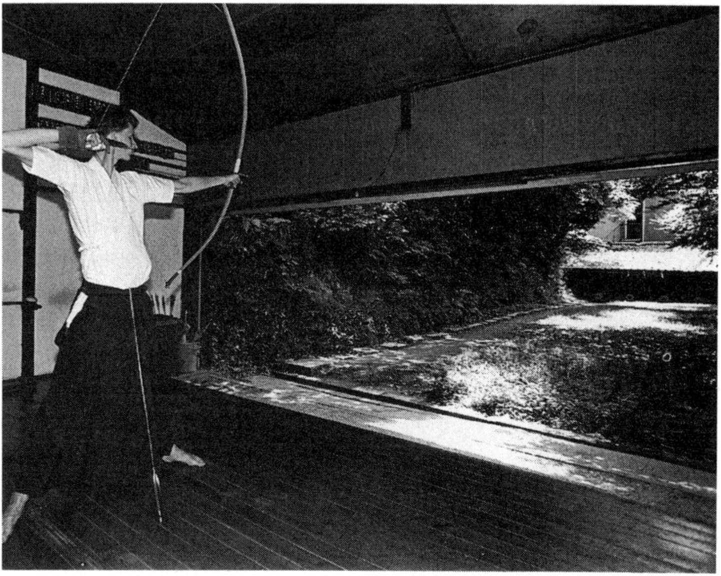

Im „dojo". Die Kunst danebenzuschießen

lockerer Atmung. Das alles gleichzeitig zu bewerkstelligen war durchaus so schwierig, wie sich's anhört.

Auch für diese Körperhaltung hatte der *sensei* ein Gleichnis: „Wie ein Baum steht der Schütze. Die Füße wurzeln in der Erde, Arme und Kopf reichen in den Himmel."

Damit war die Sache erklärt. Es stimmte. Ich konnte den sicheren Stand schon spüren, den die Wurzeln symbolisierten.

Einmal während der zwei Stunden erschien der Meister in der Tür und sah mir zu, wie ich mich mit dem frisch erlernten Bewegungsablauf herummühte. Ich blickte kurz auf. In seinen Augen lag nicht die Spur eines Urteils, ob es gut war oder nicht, was ich exerzierte. Ich verstand. Ich brauchte nicht nervös zu sein, ich brauchte nur weiterzumachen.

Einige weitere Wochen verstrichen. Ich durfte nun schon mit einem Pfeil üben. Irgendwann forderte mich der Meister auf, auf den Strohballen zu schießen. Das wurde zur Beschäftigung von ein paar weiteren Sonntagen. Inzwischen hatte sich auch an meinem Zuschauen einiges geändert. Ich entdeckte Kleinigkeiten, die mir zuvor entgangen waren. Zum Beispiel, daß die Bogensehne nach dem Abschuß scharf rechts an der linken Hand vorbeischnellte und im Augenblick den ganzen Bogen um seine senkrechte Achse drehen konnte, wenn ihn der Schütze wirklich so locker wie ein rohes Ei hielt. Bei erfahrenen Schützen kam die Sehne erst an der Außenseite des linken Handgelenks zum Stehen.

Überhaupt die Art, wie gute Leute die Sehne im Anschlag hielten! Sie griffen nicht um sie herum; sie klemmten sie vielmehr zwischen die parallel gehaltenen, auf das Ziel zeigenden Finger der rechten Hand. Obwohl die Hand in einem Handschuh steckte, schien mir diese Haltung physikalisch völlig unmöglich. Ich fragte mich, wie man verhinderte, daß der Pfeil nicht vorzeitig aus der Fingeröffnung herausglitt und davonflog. Der Bogen war eine gefährliche Waffe, das sollten wir nicht vergessen, wiederholte der Meister immer wieder. Er konnte töten.

Eines Tages löste sich die Sehne prompt einen Moment zu früh aus Seans Hand, und der dünne Bambuspfeil mit Metallspitze jagte davon. Wohin, konnten wir nicht sehen. Der *sensei* unterbrach das Training und schickte uns auf die Suche. In der Zielhütte stand ganz in der Ecke ein alter Ölofen aus Metall. Aus ihm ragte der gefiederte Schaft des Geschosses. Der Pfeil hatte den Ofen glatt durchschlagen.

Resignation am Ende einer langen Tradition

Eines Sonntags überraschte uns Meister Shibata mit der Nachricht, daß er nach Amerika abreisen werde.

„Und wann kommen Sie wieder, *sensei*?" fragten wir ihn.

„Vorerst überhaupt nicht. Es ist keine Reise, zu der ich aufbreche, es ist ein Umzug."

Ich war wie vor den Kopf geschlagen. Wie konnte er, Träger einer 450jährigen Tradition, so einen Bruch vollziehen? Zu einer Zeit, wo immer mehr Abendländer der Zerrissenheit des Westens entflohen, um bei östlichen Weisheiten Zuflucht zu suchen, wollte er nach Amerika?

„Der konkrete Anlaß für meinen Abschied ist das Angebot einer Gruppe von *Kyudo*-Studenten aus Colorado, sie zu unterrichten. Viele von ihnen habe ich früher schon kennengelernt, als ich Workshops in Amerika abgehalten habe. Den Unterricht hier", fuhr er fort, „wird mein Sohn Nobuhiro übernehmen, genauso die Bogenwerkstatt."

Die letzte Information wirkte immerhin beruhigend. Trotzdem stürmten wir jetzt von allen Seiten mit Fragen auf den *sensei* ein. Der Ruf aus den Vereinigten Staaten konnte doch nicht mehr als ein Auslöser sein; die Gründe für diesen Umzug mußten tiefer liegen. Man wechselt nicht so leicht den Erdteil, schon gar nicht für immer – ich konnte das beurteilen. Was paßte ihm nicht mehr an seinem Land?

„Die Japaner sind richtige Materialisten geworden, besonders die jungen. Sie denken nur noch an Mode, schnelle Autos und andere oberflächliche Dinge. Wenn sie dann doch einmal zu mir kommen und *kyudo* studieren wollen, dann sehe ich sehr schnell, wie sich das materialistische Denken in jedem Schuß niederschlägt. Sie denken nicht an *mind cleaning*, sie denken nur ans Treffen, je mehr Treffer, desto besser fühlen sie sich. Aus dem landesweiten *Kyudo*-Verband bin ich inzwischen auch ausgetreten – und mit mir alle meine ehemaligen Schüler. Der Verband hat sich die Einstellung der Mehrheit seiner Mitglieder zu eigen gemacht und begonnen, Gürtel in verschiedenen Farben einzuführen, und damit Prüfungen zum Erwerb eines Gürtels, Bewertungen, Maßtabellen. Wie soll man ein *correct mind* prüfen? frage ich. Nein, da war kein Platz mehr für uns."

„War das früher denn anders?" fragte ich.

„Ja, sicher, und nicht nur im Falle von *kyudo*. Schau dir den Begründer der Teezeremonie an, Sen-no-Rikyu. Er meditierte jeden Tag in einem kleinen, einfachen Zimmer. Während der Pausen zwischen den Meditationszeiten bereitete er sich einfachen Tee in einer einfachen, koreanischen Reisschale. Danach wandte er sich erfrischt wieder der Meditation zu. Mit der Zeit führte er Regeln ein, fand Nachahmer, die seine Art des Teekochens als etwas Außergewöhnliches empfanden. So entwickelte sich im Laufe von Jahrhunderten die Teezeremonie. Und heute? Heute haben einige Teezeremonie-Organisationen das Geschehen fest im Griff. Man braucht einen sündhaft teueren Kimono, man braucht sündhaft teueres Gerät, nicht zuletzt eine sündhaft teuere Teeschale, die freilich einer schlichten, koreanischen Reisschale ähneln soll. Versteht ihr? Manche sagen: Mit der Rechten schlagen sie den Tee, mit der Linken streichen sie das Geld ein. So weit sind die alten japanischen Künste heruntergekommen."

„Aber haben Sie keine Angst um die Tradition Ihres Hauses, die doch bestimmt fest in Kyoto, in Japan verwurzelt ist?" warf ich ein.

„Mein Vater, Shibata-*kanjuro* der Neunzehnte, hat mich gelehrt, die Familientradition auf einem möglichst geradlinigen Wege an die Nachkommen weiterzugeben. Ich habe sehr lange darüber nachgedacht. Der geradlinige Weg kann oft wie ein Umweg aussehen, auch wenn er zuletzt keiner ist. Die guten und wahren Anteile des *kyudo* – und damit vielleicht vieler anderer alter Künste – können sehr wohl in Amerika fortgeführt werden. Und unter Umständen gar später einmal zurückverpflanzt werden – nach Japan. Und für meine Nachbarn und alle anderen, die meinen Schritt nicht verstehen wollen, ist ja noch Nobuhiro hier, der das Haus und die Werkstatt versorgen wird."

Immer stärker strahlte das Schießen auch eine sinnliche Faszination auf mich aus. Der Bogen fühlte sich so warm und glatt an, und trotzdem lauerte eine ungeahnte Gewalt in ihm. Sein Bambus war federleicht und doch lebensgefährlich. Gefährlich übrigens auch deswegen, weil er nach der Aussage des Meisters zu jedem Zeitpunkt ohne Vorwarnung brechen konnte. Dann würde das schlanke Ding im Nu seine innewohnenden Kräfte demonstrieren: Die Trümmer würden einem buchstäblich um die Ohren fliegen, berichtete der Meister. Ein bißchen Angst vor den Mächten, mit denen man da intimen Umgang pflegte, war eben immer dabei. Im Moment vor dem Abschuß, dem Moment höchster Anspannung von Mensch und Bogen, hatte sich die rechte Hand samt Sehne am rechten Ohrläppchen zu befinden, so daß der Pfeil, exakt auf Lippenhöhe ausgerichtet, fast die Wange berührte. Diesen Augenblick, bevor „der Schnee vom Blatt rutschte", genoß ich ungeheuer.

Noch einmal hatten wir Gelegenheit, Meister Shibata auszufragen, bevor er in die Neue Welt entschwand.

„*Sensei*, was hat das Bogenschießen mit Zen zu tun?" fragte

Shibata-sensei – Abschiedsfoto

Sean. Da war es wieder, das geheimnisumwitterte Wort.

„*Anno*, normalerweise betreibt ein Zen-Schüler ja Sitzmeditation, *zazen*, wörtlich: Zen im Sitzen. Was wir tun, ist einfach Meditation im Stehen."

Weitere Erläuterungen blieben aus. Ich sah den Augenblick gekommen, nun noch einmal nach dem verflixten Ziel zu fragen.

„Welche Bedeutung hat die Zielscheibe? Soll man denn überhaupt nicht treffen?"

„Ich habe immer gesagt, das Ziel ist wie ein Spiegel. Was immer du in deinem Herzen bewegst, der Spiegel zeigt es. Deswegen ist es nur hinderlich, über das Ziel nachzudenken. Ein *correct mind* trifft unfehlbar, selbst mit verbundenen Augen. Aber viele Japaner scheinen zu denken, korrekter Stil wäre es, was zum Treffer führt. Das stimmt nicht."

Darauf begann der Meister mit einer Erzählung, die diese Ideen illustrieren sollte:

„Zwischen Osaka und Kyoto liegt die kleine Stadt Takatsuki. Während der Tokugawa-Zeit, der Periode zwischen 1600 und 1868, plante der Daimyo, der Fürst dieser Stadt und der umliegenden Regionen, einen Kampf gegen einen Nachbarfürsten. Also rief er seine Samurai zusammen.

Ein alter, gebrechlicher Samurai mit einem verwitterten Bogen über der Schulter hatte sich ebenfalls aufgemacht, um seinem Herrn seine Dienste anzutragen. Als er sich gerade müde auf einen Felsblock am Wegesrand setzte, um zu rasten, kam ein strahlender, junger Samurai in voller Bewaffnung stolz auf einem rassigen Pferd dahergesprengt. Der junge Kämpfer hielt und spottete über den Alten: ‚Wo wirst du denn bloß hinwollen? Du siehst gar nicht aus, als ob du noch kämpfen könntest! Worauf willst du bloß mit diesem uralten Bogen noch schießen?' Und er galoppierte lachend davon. – Später, auf dem Heimweg, kam der stolze Krieger wieder an demselben Platz vorbei, wo er den Alten verhöhnt hatte, und entdeckte zu seiner Überraschung einen Pfeil in dem Felsblock stecken. Sofort zückte er seinen Bogen. Doch wie kräftig er auch seine Pfeile auf den Felsen lenkte, sie zerbrachen alle. Daraufhin sandte der junge Mann einen förmlichen Entschuldigungsbrief an den alten Samurai.

Nicht physische Kraft war es, die den Pfeil in den Stein getrieben hatte, sondern *correct mind*", schloß Meister Shibata zufrieden.

Die folgende Woche erschien dann endlich Nobuhiro auf der Bildfläche. Er war noch keine fünfunddreißig, trug Jeans, hatte einen buschigen Schnauzbart und war überhaupt das Gegenteil vom alten Meister. Seine erste Handlung war, uns die Anrede *sensei* zu verbieten. Dann zog er sich um, um mit uns zu trainieren.

Sein erster Schuß war einfach unglaublich. Mit dem gleichen äußerlichen Desinteresse, das der *sensei* an den Tag gelegt hatte, wenn er uns beim Schießen beaufsichtigte, traf Nobuhiro die Schußvorbereitungen, zog die „Ex-Zweiminuten-Zeremonie" in sechzig Sekunden durch – und traf voll daneben.

Das Ganze ging so schnell über die Bühne, daß er schon fertig war, als mir erst aufging, daß ich soeben meinen ersten „Lehrschuß" beobachtet hatte. Aber ich kam gar nicht zum Nachdenken. Nobuhiro drängte uns, mit dem Training anzufangen. Und dann war er praktisch gleichzeitig überall. Dauernd fand er Kleinigkeiten, an denen er Kritik üben konnte. Er korrigierte lautstark und handgreiflich. Als ich nach seiner Meinung meine Brust nicht genug nach vorne herausstreckte, trat er von hinten dicht an mich heran, drückte mir plötzlich seinen Kopf ins Kreuz, faßte mit seinen Händen unter meinen Achseln durch und riß meine Schultern mit einem Ruck kräftig nach hinten. Es krachte entsetzlich in meiner Nackengegend, und mir fiel fast der gespannte Bogen aus der Hand. War das der Weg, später einmal Pfeile in Felsblöcke zu dirigieren? Dahin war die Beschaulichkeit meiner Sonntagvormittage. Nobuhiro hatte seine Augen überall. An meiner ungelenken Bogenzeremonie fand er so viel auszusetzen, daß ich mit ähnlich mutlosen Gefühlen nach Hause ging wie nach meinen ersten Kyotoer Schultagen.

Doch die drei Monate beim alten *sensei* hatten mir bereits viel zuviel Geschmack an der Sache vermittelt, als daß ich nicht den Willen aufgebracht hätte weiterzumachen.

Von blonden Fremden, flammendrotem Herbstlaub und Naturgeistern

Das Dasein eines *gaijin* in Japan wird von allerlei Problemen mitbestimmt. Man stelle sich vor: Er lebt unter einem Volk von hundertzwanzig Millionen durchgängig schwarzhaarigen, braun- und mandeläugigen, plattnasigen, überwiegend kleinwüchsigen Menschen, die zu allem Überfluß auf einer Insel wohnen. Das muß ja zu Neurosen, japanisch *noiroze*, führen, auf beiden Seiten.

In der Tokugawa-Zeit, in der sich auch die schöne Geschichte des alten Samurai zugetragen hatte, war es Japanern schlichtweg verboten, das Land zu verlassen oder auch nur irgendwelche Kontakte zum Ausland aufzunehmen. Bei Todesstrafe. Schiffbrüchige Seeleute, die irgendwo in Übersee an Land gespült wurden, blieben besser gleich dort: Bei der Rückkehr hätte man sie geköpft. Handel mit dem Ausland war untersagt. Nur für eine winzige Kolonie Holländer hatten die Japaner im Hafen von Nagasaki eine künstliche Insel anlegen lassen, eine Art Getto. Diese Holländer durften ein Schiff pro Jahr empfangen und die mitgebrachten Waren verkaufen, aber nicht an Land gehen. Fremden Schiffen wurde die Einfahrt in die Häfen verwehrt, und den Japanern galten die Küstenbewohner als suspekt, weil sie ja noch am ehesten die Möglichkeit hatten, an Kontakt mit den „Draußen-Menschen" zu denken. Selbst der Baedeker von 1980 vermerkt zu diesem Thema noch: „Deshalb haben es heute noch Fischerfamilien an der Küste schwer, ihre Kinder landeinwärts zu verheiraten."

Das Verhältnis der Japaner zum westlichen Ausland ist also von alters her ein neurotisches. Man findet *gaijin* so attraktiv, daß so gut wie kein Werbespot ohne die blonden Exoten auskommt. Aber man findet genauso, daß Japaner ziemlich viele Qualitäten und Vorzüge besitzen, von denen die unzivilisierte Außenwelt sich schon mal eine Scheibe abschneiden könnte: Fleiß, Loyalität, feine Umgangsformen, Gemeinschaftssinn, einen Gottkaiser oder zumindest Ex-Gottkaiser und noch vieles mehr.

Das angenehm Unangenehme bei der Sache bleiben für unsereinen die unverwechselbaren körperlichen Merkmale. Fast jeder *gaijin* ist auch in Tokyo zur Stoßzeit auf zig Meter ohne weiteres zu identifizieren. Obwohl in der Hauptstadt der größte Teil der in Japan ansässigen Ausländer wohnt, ist ihr Anteil immer noch lächerlich gering im Vergleich zu den Hauptstädten anderer Industrienationen. Begegnen sich zwei Blonde in der flutenden Menge der schwarzen Köpfe, grüßen sie sich wie zwei Bergwanderer auf einsamer Höhe, die einander noch nie vorher gesehen haben und sich doch als Brüder im Geiste fühlen. Schweiß verbindet, und man weiß ja, welche Probleme den Gegenüber plagen. Dieselben halt.

Dann und wann läuft so ein Blonder auch mit starrem Blick grußlos vorbei. Doch keine Sorge: Er *hat* dich gesehen, garantiert; er gehört nur zu denen, die ausdrücken wollen: Für mich ist das hier doch keine Extremsituation; ich lebe nämlich hier, vielleicht sogar freiwillig. Gleichzeitig will er zu verstehen geben, daß er sich ein bißchen als Japaner fühlt oder einer werden will, oder einfach keine Lust hat, Gemeinsamkeiten mit Leuten zu empfinden, die eine längere Nase haben als die Einheimischen.

Aber was soll man machen: Die Nase bleibt nun einmal lang, das Haar blond, die Augen rund; und selbst wenn man Japanisch mit dem perfekten Heimatakzent eines eingeborenen Bauern aus Tohoku, der sprichwörtlich finstersten Provinz spricht, werden im Museum immer noch die uniformierten Schulklassen wie Wölfe

In jeder besseren Werbeanzeige posieren „gaijin" – Fremde

über einen herfallen und zum Autogrammschreiben oder Sichfotografierenlassen zwingen. Und immer noch werden die Kleinkinder auf der Straße ängstlich nach der Hand der Mutter greifen: „Mami, guck mal, ein *gaijin*!"

Da hilft dann keine Beteuerung, man sei kein Tourist, lebe bereits seit Jahren hier und kriege schon beim Anblick von Blutwurst und Sauerkraut Magenkrämpfe: Das Stigma des Ausländers legt keiner ab! Und wer es über Jahre hinweg zu tragen hat, dem schwinden die Chancen, ohne *noiroze* wieder nach Europa zu entkommen.

Doch ich hatte noch Zeit bis dahin, und der anbrechende Herbst rückte wieder das ästhetische Japan in den Vordergrund meiner

Eindrücke. Die Kyotoer behaupten, zu dieser Jahreszeit sei ihre Stadt die schönste der Welt, und dem kann niemand widersprechen. Ende Oktober bis Mitte November sind sämtliche Fremdenzimmer ausgebucht, der Andrang der Touristen ist sogar größer als zur Kirschblütenzeit.

Die Berechtigung des Runs auf die alte Hauptstadt wurde mir jeden Tag deutlicher. Langsam färbte sich nämlich der Momiji-Baum vor meinem Zimmer gelblich. Mindestens eine Woche schwankte sein Blätterdach unschlüssig zwischen Grün und Gelb in der klaren Herbstluft, dann ließ es plötzlich an ein paar Blattspitzen ein leuchtendes Rot hervorlugen, das sich schließlich gegen die beiden anderen Farben durchsetzte und innerhalb weniger, kunterbunter Tage den ganzen Baum in flammendes Rot tauchte. Wenn die warme Herbstsonne schien, fiel nun gedämpft rotes Licht in meine *engawa*. Frau Mitsui verriet mir, daß das Japanische sogar eine eigene Vokabel für diese Erscheinung kannte: *momiji-akari*. Das war wieder typisch: Ein Wort für „Humor" zum Beispiel gibt es im Japanischen nicht, wohl aber eine Bezeichnung für jeden einzelnen Tag der Mondphase und eben eines für „vom Momiji-Baum gefärbtes Herbstlicht, das auf eine *tatami* fällt".

Der Daimonji-Berg war vom kahlen *dai* an seiner Spitze bis an seinen Fuß in ein Meer von Tupfen des gesamten Rot-Spektrums gehüllt. Irgendwelchen klimatischen Umständen war es zu danken, daß die Blätter nicht völlig abstarben, sondern wochenlang tapfer ihr Rot hielten, bevor sie ins Braun verwelkten. Der Momiji in unserem Garten beispielsweise warf erst in der ersten Dezemberwoche seine Blätter ab.

Die Zeit davor mußte genutzt werden. Ich überlegte, was wichtiger war, braver Schulgang oder die schönste Stadt der Welt. Keine Frage: Ich schwänzte meinen Sprachkurs für eine Woche, kaufte mir einen Führer durch die Gärten Kyotos und begann, sie einen nach dem anderen zu besuchen.

Völlig neue Welten an Schönheit taten sich mir dort auf. Zu den Momiji-Bäumen kamen Holz, Steine, Büsche – keine Blumen. Ich machte einen ähnlichen Prozeß wie mit Elmars Teeschale durch. Das Schlichte, das Unscheinbare, das mich früher immer an so selbstverständlichen Dingen wie eben einer Lehmschale, wie Holz, Steinen, Bäumen unberührt vorbeilaufen ließ, dieses Unprätentiöse gestalteten die Japaner so geschickt, daß es mindestens eines zweiten Blickes bedurfte, wenn nicht eines zehnten oder eines hundertsten, um zu erkennen, daß es sich in Wahrheit um unglaublich schöne Dinge handelte.

Ich erinnerte mich an meinen ersten Besuch in der Keramik-Abteilung des Tokyoter Nationalmuseums. Gelangweilt war ich zwischen den endlosen Vitrinen umhergewandert, in denen alte Tontöpfe verstaubten, deren Sinn mir vollkommen verborgen blieb. Dann hatte Elmar mir zwei-, dreimal die Woche den Tee geschlagen und in seiner Tonschale serviert. Ihre Oberfläche war rissig, Steinchen standen hervor, keine Glasur verhüllte die Feuerspuren des Brandes. Doch je öfter ich meinen Tee aus ihr schlürfte, desto mehr spürte ich, daß dieses Stück mehr war als nur Lehm, den man gebrannt hatte. Es war einfach schön, natürlich schön. Äußerlich uneben, besaß es eine innere Balance, die viel mehr ausdrückte als bloße Symmetrie an der Oberfläche.

Das war die Erfahrung, die ich auch mit den Gärten machte. Besonders bei jenen, die zu Zen-Tempeln gehörten und ursprünglich den Mönchen zur Versenkung dienten, reichte die Schlichtheit so weit, daß nur noch Steine für die Anlage Verwendung fanden, keine Pflanzen. Aber es gab auch Gärten, die eher unserer europäischen Vorstellung entsprachen, die üppig bepflanzt waren und in denen nach Herzenslust herumspaziert werden durfte.

Auf meinem roten Renner sauste ich von einem dieser landschaftlichen Kunstwerke zum nächsten, besser vielleicht: taumelte von einem zum nächsten, denn die Schönheit der konzentrierten Natur hatte etwas Berauschendes. Abends fühlte ich mich völlig ausgepumpt von der erlebten Pracht. Ich schlief tief und traumlos in diesen Nächten.

Absoluter Höhepunkt meiner Garten-Tournee waren die beiden Kaiservillen „Katsura" und „Shugakuin", die nur im Rahmen einer Führung und mit Genehmigung des Kaiserlichen Haushaltsamtes betreten werden durften.

Der Unterschied zu den Bauwerken europäischer Potentaten war frappierend. Statt protziger Paläste schlichte Holzhäuser. Statt dicker Mauern windige Papierwände. Statt Schnörkel und Verzierungen gerade Linien und rechtwinklig strukturierte Flächen. Statt Gebäuden Landschaften.

Mit welcher Liebe zum Detail diese Gärten angelegt waren, illustrierte augenfällig die Villa „Katsura" aus dem siebzehnten Jahrhundert. Kobori Enshu, der berühmteste Gartenmeister seiner Epoche und wahrscheinlich Aufsichtsführende der „Katsura"-Konstruktion, hat über weite Strecken Trittsteine so durch den Garten gelegt, daß der Besucher gezwungen ist, jeden Schritt sehr sorgfältig zu setzen und seine Aufmerksamkeit ganz auf die Füße zu wenden. Dann plötzlich endet die unwegsame Strecke, glattere Steine erscheinen, man schaut wieder auf, und genau für diesen Punkt hat er einen hinreißenden Ausblick geschaffen, der sich dem überraschten Beschauer eröffnet. Und dabei entgeht dem Zeitgenossen die Spitze der Raffinesse, stellt doch die komponierte Landschaft vor den Augen des solchermaßen an unsichtbaren Fäden geführten Zuschauers eine Szene aus dem „Genji Monogatari", dem klassischen höfischen Roman des zehnten Jahrhunderts, dar, der den Zeitgenossen von Enshu so geläufig gewesen

Der Garten Katsura aus dem 17. Jahrhundert – das Prunkstück japanischer Landschaftskunst

sein muß, daß sie das Zitat ohne weiteres durchschauten. Solche Reize bleiben dem normalen Europäer, aber auch dem Japaner unserer Zeit natürlich verschlossen.

Ich rief bei Nobuhiro an und fragte, ob ich die Werkstatt besichtigen dürfe.

„Klar, komm ruhig vorbei", forderte er mich auf.

Einige Tage später stand ich also wieder vor dem ehrwürdigen Haus des Bogenmeisters und drückte auf die Klingel. Eine etwa dreißigjährige Frau öffnete mir. Sie sah aus wie Shibata senior aus dem Gesicht geschnitten. Ich fragte nach Nobuhiro, und sie winkte mir zu folgen. Wir drückten uns am geparkten Toyota vorbei, durchquerten eine Art Flur und befanden uns plötzlich wieder im Freien. Ein kleiner Hinterhof tat sich auf, der nach hinten wieder von einem einstöckigen Haus begrenzt war, das relativ neu aussah. Von der Seite schoben sich wuchtige, weißgestrichene Steinmauern davor, die mit einem schweren, gekachelten Dach bedeckt waren. Ein Fenster mit gemauerten Fensterläden als Schutz zierte jede Seite. Das Ding sah aus wie ein Tresor, und es war auch einer. *Kura* nennen die Japaner so ein Steinhaus, das sich von alters her nur reiche Tempel oder Geschäftsleute leisteten. Brach in der Stadt nämlich einmal ein Feuer aus, brannte früher unweigerlich gleich ein ganzes Viertel mit Holzhäusern nieder, bevor Löschmaßnahmen wirksam wurden. Wer wertvolle Gegenstände besaß, schleppte sie bei Feueralarm eilends in die *kura*, machte die schweren Luken dicht und floh aus dem Viertel, bevor es ganz in Flammen stand. Die *kura* blieb stehen, und mit ihr überlebte der eingelagerte Besitz.

„*So des*", erklärte Nobuhiro, „wir lagern darin unsere größten Schätze, nämlich Hölzer, die der zwanzigste, der neunzehnte und der achtzehnte Bogenmacher der Familie Shibata geschnitten haben. Die trocknen da drin still vor sich hin. Manche unserer Holzsorten sind in Japan mittlerweile sogar schon ausgestorben."

Er saß auf dem Boden seiner Werkstatt und schnitzte eifrig an einem kleinen Stück von erstaunlich gelbem Holz. Die Werkstatt besaß zum Hof hin keine Wand und stand, ähnlich wie das alte Haus der Frau Mitsui, etwa einen halben Meter erhöht über der Erde. Ich war auf dem Steinboden vor der Werkstatt geblieben und folgte aufmerksam den Bewegungen Nobuhiros. Seine Schuhe standen vor der Bühne und waren von gelben Holzspänen übersät.

Um den schnitzenden Nobuhiro herum lagen jede Menge undefinierbarer Werkzeuge verstreut, unförmige Messer, kupferne Töpfe, hölzerne Hämmerchen und ausgesägte Holzstückchen mit der Patina von Jahrzehnten. Im Hintergrund zog sich ein alter, schlanker Holzschrank mit flachen Schubladen bis fast zur Decke hinauf. Obendrauf paßte noch ein kleines Schränkchen, aus dem weiße Papiergirlanden hingen und die Gestalt eines Fuchses hervorlugte.

„Nobuhiro-*san*, wozu dient der Shinto-Schrein da oben?" forschte ich nach.

„*Anno*, ohne die Hilfe der *kami*, der Naturgeister, beugt sich der Bambus nicht dem Willen des Bogenmachers. Wir betrachten den Bambus als etwas Lebendiges, als etwas Beseeltes, mit dem wir sehr vorsichtig umgehen müssen." Er strich mit der Fingerkuppe über das Hölzchen, an dem er gerade feilte.

An der linken Wand der Werkstatt lehnten lange Bambuslatten. Sie sahen ganz friedlich aus, aber ich wußte, was in ihnen lauerte, sobald sie zu Bogen verarbeitet waren. Bogen gab es hier natürlich jede Menge: Sie lehnten zur Rechten – alte und neue, zerbrochene und in Seile gewickelte – und warteten geduldig auf die Fertigstellung oder Reparatur.

„Aber was passiert, wenn du den Bogen aus der Hand gibst und die *kami* von hier nicht mehr dabei sind?"

„Der Bambusbogen bleibt ein lebendiges Wesen, und als Besitzer mußt du dich gut um ihn kümmern. Beim Schießen ist es wichtig, daß du auf deinen Bogen hörst wie auf einen Menschen. Du kannst von ihm lernen."

Von hinten quäkte die Stimme eines Kindes dazwischen. Ein kleines Mädchen wischte um die Ecke zur Werkstatt. Sie trug eine blau-weiße Uniform, mit einem weißen, viereckigen Hütchen, von dem eine lange Bommel an der Seite herunterbaumelte. Wie ein kleiner Professor sah sie aus. Aber da war ja noch das knallrote Brottäschchen, das sie umhängen hatte.

Makiko, Nobuhiros Tochter (links), und eine kleine Freundin

„Meine Tochter Makiko", stellte Nobuhiro vor. Ich merkte voller Erstaunen, daß mir nie jemand beigebracht hatte, wie man mit kleinen japanischen Kindern redet.

„*Anno* . . . guten Tag", sagte ich. Fast hätte ich noch „Bitte behandeln Sie mich gut" hinterhergeschoben, das zu jeder Vorstellung unter Erwachsenen gehörte. Die Kleine schaute kurz auf und verschwand dann im Haus. Sie schien von der Anwesenheit eines *gaijin* gar nicht überrascht gewesen zu sein.

„Sie ist fünf und kommt gerade vom Kindergarten", erklärte der Vater, ohne seine Arbeit zu unterbrechen.

Wie ich ihn so beobachtete, fiel mir auf, daß er mit dem ganzen Körper bei der Arbeit war. Jeder Muskel schien beteiligt, und er schwitzte und keuchte, obwohl zum Schnitzen gar nicht soviel Kraft notwendig zu sein schien.

Ich fand, daß ich für einen Antrittsbesuch lange genug gestört hatte, und entschloß mich, eingedenk der Kyotoer Wertschätzung guter Manieren, zum Gehen.

„Bis Sonntag dann!" rief mir Nobuhiro nach.

„*Sayonara.*"

„*Sayonara!*" schallte es aus dem neuen Haus.

Der folgende Sonntag begann mit einem Schock. Es hatte in der vorhergehenden Nacht einen Wolkenbruch gegeben; Wasser war durch eine undichte Stelle im Dach des *dojo* gedrungen und ausgerechnet in den Schrank gesickert, in dem wir die Bogen aufbewahrten.

Als Sean und ich – wir waren als erste zum Training erschienen – die Bogen aus dem feuchten Möbel herausnahmen, mußten wir erschreckt feststellen, daß sie sich alle ohne Ausnahme fürchterlich verzogen hatten. S-Kurven und Achter entstellten die elegante Form der edlen Stücke. Kaum einer der Bogen besaß überhaupt noch Spannung, andere waren sogar in ihren entspannten Zustand zurückgeschnellt, der etwa spiegelverkehrt zur schußbereiten Position gedacht werden muß.

Die Bogen waren hin, davon waren wir überzeugt. Sean war den Tränen nahe. Als Nobuhiro kam, schien er gar nicht so schockiert, wie wir das erwartet hätten. Ruhig besah er sich den Schaden, nahm dann von jedem einzelnen Bogen die Sehne ab und legte die verzogenen Hölzer in die Mitte des *dojo*.

„Heute können wir ja leider nicht trainieren", verkündete er dann und lud uns alle ins Café ein.

„Und was geschieht mit den Bogen?" fragte Sean.

„Wartet's nur ab. Die erholen sich schon", antwortete Nobuhiro beiläufig.

Und tatsächlich. Schon am nächsten Sonntag hatten alle Bogen wie von Zauberhand ihre alte Form wiedergewonnen. Einigen von ihnen fehlte noch die gewohnte Spannkraft, aber die erhielten sie im Laufe der folgenden Woche auch noch zurück.

„Was hast du mit den Bogen gemacht, Nobuhiro-*san*?" fragte Sean erstaunt.

„Nichts."

Wenn da nicht die *kami* ihre Finger im Spiel gehabt hatten!

Der variationsreiche Kampf gegen die winterliche Kälte

Anfang Dezember verloren auch die letzten Momiji-Bäume ihre roten Blätter. Die Temperaturen sanken bis nahe an den Gefrierpunkt. Ein wenig Furcht vor dem Winter war angebracht, fand ich, wenn ich die Bauweise unseres Hauses bedachte. Das Innere war vom Draußen ja nur durch die Papier- und Glasschiebetüren getrennt. Fingerdicke Spalten zwischen den Türen waren das Resultat des unbehandelten Holzes, das sich ständig weiter verzog. Ich konnte wohl von der einfachen Gleichung Außentemperatur = Innentemperatur ausgehen.

Auf meine Fragen, wie die Japaner es mit der Kälte aufnähmen, bekam ich eine ganze Reihe von einfallsreichen Heizmethoden erklärt; nur die einer besseren Isolation, einer massiveren Bauweise bekam ich nicht zu hören.

Im traditionellen japanischen Haus hatte stets der sogenannte *kotatsu* für Wärme gesorgt, ein Aushub mitten im Zimmer, auf dessen Grund ein Becken mit glimmender Holzkohle gestellt wurde. Die Familie saß dann um die Grube herum, ließ die Beine hineinbaumeln und nutzte das Feuer gleich mit zum Kochen, wozu Töpfe an langen, frei verstellbaren Ketten über dem Holzkohlefeuer je nach Hitzebedarf abgesenkt oder hochgezogen wurden.

Über die Grube konnte auch ein Tisch gestellt werden, über den eine Steppdecke gebreitet wurde, die so groß war, daß die Herumsitzenden sie sich um die Hüften schlagen konnten und so wenigstens bis zum Nabel warm blieben. Einen solchen *kotatsu* hatte Elmar in seinem Zimmer. Das althergebrachte Holzkohlebecken war aber bei ihm durch einen elektrischen Heizstrahler ersetzt, der eine solche wohlige Wärme unter dem Tisch erzeugte, daß wir uns für kalte Winterabende nichts Angenehmeres vorstellen konnten, als bei heißem Sake um den *kotatsu* herumzusitzen und miteinander über den Lauf der Zeiten zu räsonieren. In manchen alten Häusern hatte ich Papierschiebetüren gesehen, deren Segmente auf halber Höhe durch Glas ersetzt worden waren, damit man im Sitzen, Trinken und Plaudern hinaussehen und den fallenden Schnee beobachten konnte. Die japanische Sprache hatte für dieses Ereignis wieder einmal ein eigenes Wort geprägt, *yukimizake* – „Sake trinken beim Schneeschauen", ein Beweis, daß es sich um einen alten und reichlich praktizierten Brauch handeln mußte.

Eine zweite Heizmethode pflegten die Japaner seit noch älteren Zeiten: Das *ofuro*, das heiße Bad, wird im Winter nämlich noch ein bißchen mehr aufgeheizt als sonst. So kommt man auch an den verfrorensten Tagen wenigstens einmal zu einem durch und durch gewärmten Körper.

Natürlich hatten die modernen Zeiten auch bei der Heiztechnik ihren Einzug gehalten. Die Toilette unseres Hauses war zum Beispiel mit einer beheizten Klobrille versehen, und meine elektrische Bettdecke wärmte das Bett auf angenehmste Weise vor. Im Supermarkt wurden kleine Tütchen verkauft, die mit einer speziellen Substanz gefüllt waren, die sich beim Aufreißen der Verpackung erhitzte und auf Stunden hinaus warm blieb. Man konnte sie sich an alle möglichen Körperstellen in die Kleidung stecken oder einfach in der Hand behalten. Der Erfindungsreichtum der Japaner scheint auf diesem Gebiet kaum Grenzen zu kennen.

Das wichtigste Gerät im Kampf gegen die Kälte stellte allerdings

Helfer im Kampf gegen die Kälte: der transportable Ölofen

ein transportabler Ofen dar, der Leichtöl verbrannte. Er konnte mein Zimmer in kürzester Zeit in einen Brutkasten verwandeln, hatte aber den entscheidenden Nachteil, daß er immer dann abgedreht werden mußte, wenn ich das Zimmer verließ oder zu Bett ging. Der Ofen arbeitete schließlich mit offenem Feuer, und das in einem Haus, das zu über neunzig Prozent aus Holz, Reisstroh und Papier bestand... Irgend jemand erzählte mir in diesem Zusammenhang, daß bei trockenem Wetter ein traditionelles japanisches Haus wie unseres in nur ungefähr zehn Minuten komplett abbrennen könne. Die Feuerwehr rücke bei solchen Bränden nur zum Schutz der umliegenden Häuser aus. Diese Information hatte ich verinnerlicht und hantierte entsprechend vorsichtig mit meinem Kleinkamin.

Mit jedem Tag wurde es nun kälter, und ich mußte erkennen, daß den Hauptpart im Kampf gegen das Frieren der eigene Körper zu übernehmen hatte. Die japanischen Heizmethoden waren nur als Provisorium zu betrachten.

Die Kyotoer Kälte hatte es in sich. Sie durchdrang mit ihrer Feuchtigkeit selbst dickste Wollkleidung. Mußte ich irgendwo im Freien warten, konnte ich genau spüren, wie sie mir mit eisigen Tentakeln die Beine hochkroch. Nach meiner festen Meinung war diese hinterhältige Kälte mit physikalischen Mitteln nicht zu beschreiben. Eine Klassenkameradin von mir, die aus Alaska stammte, behauptete steif und fest, der Winter bei ihr zu Hause in Anchorage sei angenehmer, was ich ihr aufs Wort glaubte.

Erstaunlicherweise holte ich mir den ganzen Winter über keine Erkältung, obwohl ich mir einbildete, in meinem ganzen Leben noch nie so gefroren zu haben. Wir Europäer heizen eben die Luft um uns auf, nehmen dem Körper damit jeden Anlaß zu eigener Anstrengung und wundern uns dann, wenn wir prompt einen Schnupfen bekommen, sobald wir einmal gezwungen sind, den heimischen Herd zu verlassen und uns dem direkten Frost auszusetzen. Die Japaner bevorzugen eher die Eigenkräfte des Körpers, die sie nur an solchen Orten künstlich unterstützen, wo es notwendig ist: am Tisch oder im Bett. Ich lernte diese Methode sehr schätzen und wertete sie als Beweis dafür, daß die Japaner der Natur doch noch näherstehen als wir Abendländer.

Ein japanischer Freund, mit dem ich schon einige Monate lang wechselseitigen Konversationsunterricht betrieb, war gekommen.

Es war wenige Tage vor Weihnachten. Ich heizte mein Ölöfchen an und setzte Kaffeewasser auf. Nakahara hatte sich bereits auf eines meiner Sitzkissen gesetzt und seine Bücher ausgepackt. Sein erstes Deutsch hatte er sich selber mit Hilfe eines philosophischen Werkes von Heidegger beigebracht. Dementsprechend interessant war seine Wortwahl. Er gebrauchte für die einfachsten Sachverhalte die unmöglichsten Wörter. Unter anderem hatte Nakahara ein Buch Heideggers über den Dichter Hölderlin gelesen. Nun wollte mein Freund auch dieses Buch kennenlernen und mußte sich deshalb erst einmal mit den wahnwitzig-genialen Gedichten des Tübinger Poeten auseinandersetzen, die Heidegger in seinem Werk interpretiert hatte. Ich sah mich plötzlich in die Lage versetzt, das Deutsch des 18. Jahrhunderts erklären zu müssen, was mir gar nicht leicht fiel.

Doch an diesem Tage gingen mir die Erklärungen ohne große Schwierigkeiten von der Hand (wenngleich sie nicht immer ganz korrekt gewesen sein dürften), meine deutsche Muttersprache gefiel mir ausgesprochen gut, und die Art Hölderlins, sie zu gebrauchen, rührte mich fast zu Tränen.

„... und Tal und Ströme sind
Weit offen um prophetische Berge,
Daß schauen mag bis in den Orient
Der Mann und ihn von dort der Wandlungen viele bewegen."

Es war das erstemal in Japan, daß mich leises Heimweh befiel, an dem nicht einmal irgend jemand aus meiner Familie oder dem Freundeskreis schuld war, sondern einer, der schon lange tot war und nur durch sonderbare Sätze zu mir sprach. Ungefähr in diesem Augenblick begann es draußen zu schneien, der erste Schnee in diesem Jahr. Zuerst fielen zögernd nur und vorsichtig kleine Flöckchen, die aber schnell an Selbstbewußtsein gewannen und schließlich in dicke, weiße Flocken übergingen. Ich öffnete die Schiebetüren meines Zimmers weit, rückte den Ofen ganz nah an uns heran und packte ein Paket Weihnachtsplätzchen aus, das ich kurz zuvor von meiner Mutter geschickt bekommen hatte.

Während wir sozusagen draußen beim Schnee saßen und uns die Hände am heißen Kaffee wärmten, befanden wir uns doch in der Geborgenheit des Zimmers. Insgeheim lobte ich mir die japanischen Architekten. Was bedeutete all die Kälte gegen die Möglichkeit eines solchen ästhetischen Genusses?

Der Schnee rieselte an diesem Tag eifrig weiter, und in der Nacht nutzte ich die Gelegenheit zu einem Spaziergang zu den tiefverschneiten Tempeln in der Nähe unseres Hauses. Ich nahm mir vor, am nächsten Morgen früh aufzustehen, da Nakahara erwähnt hatte, daß der Schnee hier oft sehr schnell wieder wegtaue, und ich unbedingt die weiße Pracht auch bei Tageslicht sehen wollte! Als mein Wecker einige Stunden später klingelte, hörte ich beim Ankleiden im Radio, daß es in Kyoto seit Jahren nicht mehr so viel Schnee auf einmal gegeben habe. Der Verkehr breche gerade völlig zusammen, da die Autofahrer den Umgang mit Matsch und Glätte nicht gewohnt seien.

Ich schwang mich auf mein Fahrrad, schlitterte zwischen rutschenden Bussen und schleudernden Kleinwagen hindurch und erreichte mein Ziel gerade zur rechten Zeit. Der Ryoanji-Tempel wurde soeben geöffnet. Ich war der einzige Besucher.

Der Ryoanji-Tempel besitzt einen Steingarten, der allgemein als der vollendetste und der rätselhafteste Zen-Garten Japans angesehen wird. In einem Karree von geharktem, weißem Schotter wurden fünf Steingruppen unregelmäßig angeordnet. Zwei Seiten des Karrees sind von einer Mauer umgeben, die selbst schon als „Staatsschatz" deklariert ist. Eine Seite ist über ihre ganze Breite als balkonartige Treppe angelegt, auf der man sitzen und über die Botschaft oder Nicht-Botschaft des Gartens meditieren kann. Gebaut wurde die Anlage vor knapp fünfhundert Jahren von einem Mönch, der Jahrzehnte an diesem Meisterwerk getüftelt haben soll.

Im Garten packte ich mein Reisebuch aus. Ein Hubert Winkels war schon vor mir dagewesen und hatte sich seine Gedanken gemacht. Ich las: „Da liegen sie nun. Fünf unregelmäßige Gruppen von Felsbrocken mit dreizehn Steinen insgesamt durchbrechen die strenge Linienführung im weißen, splittigen Kies, ragen daraus auf wie . . . kahle Gebirge in einer unermeßlichen Wüste, wie . . . die Menschheitsgeschichte im Strom der endlosen, gleichförmigen Zeit, wie . . . die gestrandete Hoffnung, kielaufwärts, im Eismeer, wie . . . ja, ich begann mich in einen Rausch hineinzusehen, wie . . . die Rücken von Wasserleichen aus dem Sand des Strandes, wie Militärkochtöpfe aus dem Schaum des Spülwassers, wie . . . die Hinterköpfe von Riesen im Zwergenland, wie . . . die schwerfällige und störrische Erhebung der Gedanken aus dem Gleichmaß unbewußter Schöpfung, wie . . . ja, ich hatte es, die Felsen ragen aus dem weißen Sand wie ein Vergleich . . ." Als er an diesem Punkt der Erkenntnis angelangt war, schien ihn eine amerikanische Reisegruppe gestört zu haben, deren Führer „ . . . erklärte: ‚*The big stones are standing out like Mount Fuji out of the white clouds covering Japan.*' Ich verstand mit einem Schlag und blickte erstaunt und anerkennend zu dem grauhaarigen und zweifellos weisen Manne auf."

Ich blickte vom Buch auf, sah all das mit Dreißig-Zentimeter-Schneehäubchen. Das änderte doch die Interpretation! Aber es war niemand da, der mir dabei helfen konnte. Der Schnee-Einbruch hatte die Kyotoer offensichtlich so erschreckt, daß sie an alles andere dachten, als ausgerechnet in einen Garten zum Meditieren zu gehen.

Als nach einer Stunde unvermittelt eine Gruppe Soldaten auf der Bildfläche erschien, die von einem grauhaarigen Führer in Zivil begleitet wurde, flüchtete ich von diesem beschaulichen Ort. Ein paar Viertelstunden später setzte abrupt Tauwetter ein, so daß die ganze Pracht mittags schon wieder verschwunden war.

Am darauffolgenden Sonntagmorgen brach ich wie gewohnt zum Hiyoshi-Schrein auf, wo das Bogenschießtraining stattfand. Die Ausländerklasse von Nobuhiro war auf zwei Schützen zusammengeschmolzen, auf Sean und mich. Die Schüler, die nur auf Zeit nach Kyoto gekommen waren, waren in dieser unfreundlichen Jahreszeit in ihre Heimatländer zurückgekehrt.

Es war sehr kalt, und der *dojo* auf der den Zielscheiben zugewandten Seite stand offen.

„Die Auseinandersetzung mit der Kälte ist ein Teil des *budo*, des ‚Weges des Kriegers'", erklärte uns Nobuhiro. „Der Schüler soll lernen, sich von äußerlichen Unbequemlichkeiten nicht beeinflussen zu lassen. Wir müssen uns innerlich frei machen von der Kälte." Gleich darauf grinste er freundlich und fragte: „Na, wie viele Pfeile nehmen wir heute?"

Wir verstanden. Je mehr Pfeile, desto länger die Tortur. Wir entschieden uns für zwanzig und zogen uns um. Wie sonst auch entkleideten wir uns bis auf die Unterhosen, streiften das weit ausgeschnittene Hemd und den Hosenrock über. Als einziges Zugeständnis an die Kälte schlüpften wir mit den Füßen in die *tabi*, die gepolsterten Strümpfe.

Eilig begannen wir mit den Vorbereitungen im *dojo*. Die Zielscheiben wurden aufgestellt, der Boden gekehrt und die Bogen aus dem Schrank geholt. Ohne zu sprechen, nahmen wir dann Pfeile und Bogen auf und begannen mit den Übungen. Bei jedem Durchgang benutzten wir zwei Pfeile. Nobuhiro schien an diesem

Tag wenig geneigt, strenge Maßstäbe an unsere Schießkünste anzulegen, und beschränkte seine Korrekturen auf wenige Kleinigkeiten.

Nach einiger Zeit spürte ich, wie die Kälte in mich hineinkroch. *Kyudo* ist eben eine recht statische Kunst, bei der nur wenige Bewegungen ausgeführt werden. Keine Gelegenheit, innerlich warm zu werden. Irgendwann bemerkte ich, daß meine Arme einen bläulichen Schimmer angenommen hatten. Wenn man Nobuhiros mißmutigem Gesicht glauben durfte, schien er genauso von der Kälte betroffen zu sein wie wir.

Unverändert schweigsam schritten Sean und ich zum nächsten Pfeilepaar. Ich konzentrierte mich darauf, meinen gewohnten Bewegungsablauf keinen Deut zu beschleunigen oder sonstwie zu verändern. Beim vierzehnten Pfeil zitterten meine Arme schon stark, als ich den Bogen im Anschlag hielt. Ich hatte das Gefühl, als sinke meine Körpertemperatur ständig ab. Von den Knien abwärts hatten meine Beine schon die Temperatur der Holzplanken angenommen, auf welchen wir standen. Ich versuchte, mich diesem Gedanken einfach zu verweigern. Das Sinnieren über die kriechende Kälte durfte nicht sein; es lenkte vom Eigentlichen ab. Krampfhaftes Nichtsinnieren ließ dem „Eigentlichen" aber genausowenig Chancen. Es tröstete mich, daß er und Sean augenscheinlich ähnliche Kämpfe ausfochten wie ich.

Irgendwann war endlich auch der zwanzigste Pfeil verschossen. Betont ohne Eile räumten wir wortlos den *dojo* auf, zogen uns um und suchten unser altes Café auf. Erst dort fühlten wir unsere Lebensgeister langsam zurückkehren. Die steifen Glieder lockerten sich allmählich wieder, während wir heißen Kaffee schlürften.

„Übrigens", sagte Nobuhiro, „nächste Woche fahren wir aufs Land, nach Obama, zu einer Bogenschieß-Zeremonie. Wenn ihr wollt, könnt ihr mitkommen."

Er erklärte uns, worum es dort gehen sollte. „In Nara, am Nigatsudo-Tempel, findet jedes Jahr im Winter das berühmte *Mizutori*-Fest statt." – Das bedeutet Wassertragen, überlegte ich. – „Dabei wird aus Obama eine Art geweihtes Wasser nach Nara gebracht. Aus diesem Anlaß gibt es in Obama eine Zeremonie, die ein Bogenschießen beinhaltet. Das vertreibt böse Geister aus dem Tempelbezirk. Das Haus Shibata nimmt schon seit ewigen Zeiten an diesem *kyudo* teil."

Natürlich wollten wir uns daran beteiligen, und so saßen wir eine Woche später zusammen mit einigen Japanern in einem Kleinbus, den Nobuhiro eigens angemietet hatte und der nun in Richtung Norden, hinein in die Berge, steuerte.

Wir durchquerten einen längeren Tunnel und waren unerwartet wieder mitten im weißen Winter.

„Dieser Gebirgszug hier ist eine Art Wetterscheide", erklärte uns Nobuhiro. „Die Schneemassen, die aus Sibirien herangeblasen werden, kommen fast nie darüber hinweg. Deswegen schneit es so selten bei uns in Kyoto, während die Leute hier im Schnee fast ersticken."

So war es. Von nun an kamen wir nicht mehr so rasch voran, und einige Kilometer weiter mußten wir die Schneeketten aufziehen. Die Straße war enger geworden und führte uns durch kleine Dörfer. Die Häuser hier oben duckten sich unter gewaltigen, steilen Dächern, ganz anders als unten im Tal. Entlang der Straße schlängelte sich ein zugefrorener Fluß, an dessen beiden Ufern sich zedernbewachsene Hügel steil in die Höhe zogen. Die schneebedeckten Bäume bildeten ein eigenartiges geometrisches Muster. An Stellen, wo der Baumbewuchs einmal aufbrach, reihten sich astlose Stämme in perfekter Parallelität aneinander. Ihr geradezu unnatürlich kerzengerades Wachstum hatte die

Bäume, die es nur in dieser Gegend geben sollte, zum weithin berühmten Bauholz gemacht. Der Stamm der *kita-yama-sugi*, der „Nordberge-Zeder", eignete sich besonders gut als Zentralpfeiler des japanischen Hauses, als sogenannter *daikoku-bashira*, dem zum Beispiel Nobuhiro als Symbol der Haltbarkeit seines Heimes größte Hochachtung entgegenbrachte.

Nach etwa vier Stunden Fahrt erreichten wir Obama, wo Nobuhiro von der Hauptstraße abbog und den Kleinbus auf einen verschneiten Weg lenkte, der von der Ortschaft weg, wieder in die Berge führte. Bei einem Tempel, der nach einer Hinweistafel aus dem Anfang des 16. Jahrhunderts stammte, stellten wir den Wagen ab. Vor dem *hondo*, dem Hauptgelände dieses Tempels, sollte die Zeremonie stattfinden. An der Stirnseite eines größeren Platzes hatte man eine strohgeschmückte Zielscheibe aufgebaut, auf die wir von drei *tatami* aus, die sorgsam in den Schnee gebreitet lagen, schießen sollten.

Außer uns waren noch andere Bogenschützen aus allen Teilen der Präfektur eingetroffen. Wir verbeugten uns zum Gruß reihum. Die älteren Teilnehmer traten offenbar zum größten Teil mit Bogen an, die der Werkstatt des Meisters Shibata entstammten, denn Nobuhiro war im Nu von ihnen umringt und in Fachgespräche verwickelt.

Ich entdeckte ein kleines, strohgedecktes Teehaus neben dem *hondo*, das augenscheinlich zum Kleiderwechsel vorgesehen war. Ich lehnte Bogen und Pfeile an die Mauer, schnürte meine Schuhe auf und schob die Papierschiebetür zur Seite, die den Eingang des Häuschens bildete. Drinnen saßen einige Männer an einem alten, offenen *kotatsu*. Als ich gerade mit dem Umziehen fertig geworden war, schreckte uns das Geräusch von Handtrommeln auf, und ich schlüpfte zusammen mit den anderen Männern hinaus in die Kälte.

Das Teehaus in Obama

Zu dem Tempel gehörte auch ein Kloster, und vom Tal herauf kam eine Gruppe weißgekleideter Mönche gezogen. Sie trugen eigenartiges Schuhwerk: Holzplatten, die mit einem Riemchen am Fuß befestigt und auf eine weitere, senkrecht gestellte Holzplatte geleimt waren. Die T-förmige Konstruktion erinnerte mich ein bißchen an Stelzen. Für den tiefen Schnee war sie durchaus geeignet.

Mit wohlgesetzten Schritten staksten die Männer im Takt der Trommeln an uns vorbei, entledigten sich vor dem Haupttempel ihrer Holzschuhe und stiegen langsam die Fronttreppe hinauf.

Gleich darauf ertönte aus dem Tempelinneren sonorer Gesang; die Mönche hatten mit der Rezitation der Sutren begonnen, die sie zur Feier des Tages den Göttern zu Gehör bringen wollten.

Es hatte angefangen, leicht zu schneien, als das Zeichen zum Start des Wettkampfes gegeben wurde. Ein alter Mann in einem violetten Prachtgewand, das übrigens Nobuhiro aus den uralten Beständen seines Hauses mitgebracht hatte, eröffnete die Zeremonie. Vorsichtig betrat er die *tatami*, verbeugte sich kurz zum Tempel und noch einmal in Richtung Zielscheibe und traf mit würdigen Bewegungen die Vorbereitungen für den ersten Schuß. Er hob den Bogen mit dem eingelegten Pfeil über seinen Kopf, senkte ihn dann langsam ab, bis der Pfeil exakt auf der Höhe seines Mundes lag. Bogen und Mensch schienen bis zum äußersten gespannt. Mit einem schrillen Schrei des Schützen jagte der Pfeil davon und schlug haarscharf neben dem Ziel ein. Der alte Mann verharrte noch einen Augenblick in seiner Stellung, entspannte sich dann ruckartig und verließ nach einer weiteren Verbeugung zum Ziel die Matten. Die Zuschauer spendeten dezenten Beifall.

Nach dieser Eröffnung begann der eigentliche Wettbewerb, in dem jeweils drei Schützen nebeneinander antreten sollten. Als ich an der Reihe war, ging ich zusammen mit einer jungen Frau und einem älteren, kleingewachsenen Mann in Position. Ich versuchte, mich zu konzentrieren. Leise rieselten die Schneeflocken herab. Meine Brille hatte ich abgenommen, und ich konnte die Zielscheibe nur schemenhaft erkennen. Ruhig atmend begann ich den vorgeschriebenen Bewegungsablauf. Die kalte Luft tat gut; ich fühlte mich hellwach. Die Leute um mich herum hatte ich schon vergessen. Außer dem monotonen Gesang der Mönche und der blendenden Helligkeit des Schnees drang nichts mehr zu mir durch. Ich verschoß meine beiden Pfeile. Als ich mich wieder aus meiner Konzentration löste, merkte ich, daß ich ganz alleine auf den Matten stand. Meine beiden Mitschützen hatten ihre Schüsse längst hinter sich und waren wieder in ihre Schuhe geschlüpft. Getroffen hatte ich natürlich nicht, war aber trotzdem heiter und zufrieden.

Nobuhiro teilte uns mit, daß wir vom Kloster eine Einladung zum Essen bekommen hatten. Zunächst waren wir allerdings erst einmal dankbar, daß wir uns an einem Kohlebecken ein wenig aufwärmen durften.

Wie es in buddhistischen Klöstern der Brauch ist, bekamen wir ausschließlich fleischlose Kost serviert. Ich staunte über die Vielzahl der Schälchen, die sich vor uns auf dem Tisch türmten und die alle ein anderes Gericht enthielten. Nach einigen dieser Delikatessen erkundigte ich mich bei Nobuhiro, aber selbst er konnte nicht alle Pflanzen benennen, aus denen die verschiedenen Speisen zubereitet worden waren. Ich genoß die klösterliche Kost sehr.

Das Essen und damit das Aufwärmen fand ein rasches Ende, als ein Bote vom Schießplatz hereingestürmt kam und uns zum zweiten Durchgang bat. Wir tranken noch rasch den grünen Tee aus unseren Schälchen und hasteten zurück zum Wettbewerb. Bevor ich an die Reihe kam, warf ich noch einen kurzen Blick in das Teehaus. Dort schien der Tee inzwischen durch andere Getränke ersetzt worden zu sein. Die Männer hatten jetzt alle gerötete Gesichter, lachten laut und froren offensichtlich überhaupt nicht mehr.

Bei meinem zweiten Schuß lief alles wie beim ersten, und ich genoß die Zeremonie wie zuvor. Dann war der Wettbewerb auch schon vorbei, und die Jury zog sich zur Beratung zurück.

Am Rand des Festplatzes waren Buden aufgestellt, wo Bauersfrauen *udon*, Suppe mit Buchweizennudeln, zubereiteten. Ich bestellte mir eine Portion und beobachtete dabei die Gesichter der

Köchinnen. Rote Wangen, gröbere Konturen und eine ausgeprägte Mimik unterschieden sie merklich von ihren Landsmänninnen drunten in der Stadt. Fast – so schien es mir – ähnelten sie mehr den Bauersfrauen meiner fränkischen Heimat als den Frauen aus Kyoto. Das erinnerte mich an den Gedanken mit den übersetzbaren Gesichtern, der mir schon in Tokyo gekommen war. Die Suppe war heiß und schmeckte ausgezeichnet.

Ich kleidete mich wieder um und stapfte im hohen Schnee in der näheren Umgebung des Tempels herum, weil von der Jury immer noch nichts zu sehen war. Wenn sie im Teehaus ihre Beratung abhielt, dann konnte das dauern. Schon eine ganze Weile verfolgten mich in gebührender Distanz einige Kinder: vier, fünf etwa zehnjährige Jungen. In meinen Fußstapfen stiegen sie mir hinterher. Wenn ich stehenblieb, taten sie dasselbe; ging ich weiter, folgten sie mir auf dem Fuße. Nach einiger Zeit kam einer, der besonders pfiffig aussah, etwas näher.

„*Ojisan* – hallo Onkel!" brachte er zaghaft hervor.

„Ja, was gibt's?"

„Bist du ein *amerikajin*?"

„Nein, ich komme aus Deutschland."

Seine Kumpels wagten sich nun auch näher heran.

„Redet man da Englisch?"

„Nein, Deutsch."

„Onkel, was heißt *arigato* auf deutsch?"

„Danke", sagte ich ihnen vor.

Und schon stoben sie wieder davon. Minutenlang war jetzt auf dem Festplatz ihr ausgelassenes „Danke-Danke-Geschrei" zu hören.

Plötzlich waren die Jungen wieder da. „Onkel?"

„Ja."

„Hast du eine Pistole dabei?"

„Eine was?"

„Eine Pistole. Oder ein Gewehr oder so was ..."

Ich verstand nicht. „Nein, warum?"

„Weil ihr *gaijin* doch immer eine Pistole dabeihabt."

„Habt ihr denn schon jemals zuvor einen *gaijin* gesehen?" fragte ich.

„Ja, klar", nickte einer überzeugt.

„Und wo? Im Fernsehen, oder?"

Alle nickten.

„Habt ihr denn schon einmal mit einem *gaijin* gesprochen?"

„Nein", kam zögernd das Geständnis.

Die Sache war klar: Ein Blonder mußte für sie vom CIA sein oder zumindest ein Cowboy aus dem Wilden Westen – und die waren im Film immer bewaffnet. Ich holte tief Luft und erklärte ihnen erst einmal, daß es auch in Deutschland Kinder gebe, die zur Schule gingen, und zwar ohne Revolver. Ich erzählte auch noch einiges mehr über den deutschen Alltag und fand höchst aufmerksame Zuhörer. Als mir nichts mehr einfiel, setzten wir unser Gespräch als wilde Schneeballschlacht fort, in der ich mich mit allen Kräften meiner Haut zu wehren hatte.

Schließlich trat ich geschlagen den Rückzug zum Festplatz an. Dort hatte eben die Siegerehrung begonnen. Ich war Letzter geworden, aber das ehrenvoll. Hatte Meister Shibata nicht ausdrücklich gesagt, aufs Treffen komme es nicht an?

In der Werkstatt des Kaiserlichen Bogenmachers

Ende März würde mein Stipendium auslaufen. Ich hatte aber überhaupt noch keine Lust, schon nach Deutschland zurückzukehren. Jetzt, wo ich den höchsten Kurs meiner Sprachschule erfolgreich abgeschlossen hatte, wollte ich mein erworbenes Wissen wenigstens noch ein paar Monate in der Praxis zur Anwendung bringen. Und Geschmack am Leben in Japan hatte ich auch gewonnen.

Zuerst einmal brauche ich also einen Job, überlegte ich mir, außerdem eine Wohnung, denn das Zimmer im Haus von Frau Mitsui war für mich ohne Stipendium einfach zu teuer. Ich begann zunächst, in meinem Bekanntenkreis herumzufragen, ob nicht jemand eine gutbezahlte Arbeit für mich wüßte, fand aber niemanden. Meine Zeit wurde langsam knapp – mein Geld würde nicht mehr lange reichen.

Eines Abends lud mich Nobuhiro zusammen mit Sean zu sich nach Hause zum *sukiyaki* ein. Ich empfand die Einladung ein wenig als Auszeichnung dafür, daß wir beide den ganzen Winter hindurch weiter *kyudo* betrieben und Nobuhiro nicht im Stich gelassen hatten. Der Abend war dann sehr unterhaltsam, nicht zuletzt wegen der Anwesenheit der beiden Kinder, der fünfjährigen Makiko, die ich bereits kennengelernt hatte, und dem zweijährigen Munehiro, dem zukünftigen *kanjuro* – dem zweiundzwanzigsten –, falls alles klappte.

Beim *sukiyaki* sitzt die ganze Gesellschaft um einen Topf herum, der mit einer Soße, gewürzt mit Sake und Sojasauce, gefüllt ist. Der Topf wird von unten ständig beheizt, und darin garen Gemüse, Fleisch und Tofu-Stückchen bunt durcheinander, von denen sich jeder Gast mit seinen Eßstäbchen nach Herzenslust bedienen darf, während der Gastgeber ständig frische Portionen nachschüttet. Jeder Bissen wird in ein Schälchen mit zerrührtem rohem Ei getunkt, bevor er gegessen wird. *Sukiyaki* ist also eine ähnlich kommunikationsfreundliche Angelegenheit wie ein Fondue bei uns. Alle hatten großen Spaß beim Fischen nach den Leckerbissen im Topf, und mir fiel auf, wie unbeschwert die kleinen Kinder beim Essen hantieren durften, ohne Ermahnungen zu riskieren.

Irgendwann fiel mir mein Problem wieder ein, und ich fragte Nobuhiro, ob er nicht einen Job für mich wisse.

„Ich überlege es mir einmal", antwortete er knapp.

Nach dem *sukiyaki* tischte Nobuhiros Frau jedem eine Schale Reis auf. Japanischer Reis ist eine hochfeine Delikatesse, nach meinem Geschmack jedenfalls. Richtig gekocht, wird er klebrig, bleibt aber immer flockig. Und ein Aroma besitzt er, das man in Europa nicht einmal kennt, nach meiner Erfahrung auch nicht in den japanischen Restaurants in Deutschland. Dazu wurde grüner Tee serviert. Nobuhiro schüttete den Inhalt seiner Teeschale über den Reis. *Chazuke* nennt man diese Mischung, die halb mit Stäbchen gegessen, halb aus der Reisschale getrunken wird.

„*Anno-ne*, Stefan-*san*", setzte Nobuhiro an, nachdem er sich den Mund abgewischt hatte. „Hast du nicht Lust, Bogen zu bauen?"

„*Are?* – Wie bitte?" fragte ich erstaunt zurück.

„Nun ja, du hast doch gesagt, du suchst Arbeit. Ich meine, ich könnte schon lange einen Assistenten brauchen, der mir bei der Arbeit hilft. Seit der *sensei* weg ist, muß ich ja alles alleine machen."

Ich war sprachlos. Meine Gedanken kreisten.

„Bezahlen kann ich dir allerdings nicht viel", fuhr Nobuhiro fort, „aber du könntest mit uns essen und im Haus des *sensei* wohnen. Es ist sowieso besser, wenn es nicht leer steht. Nachdem es so aussieht, als ob er so bald nicht zurückkommt..."

Gar keine Frage, dieses Angebot war ein Wink des Schicksals. Und es kam noch besser. Er sei zufrieden, sagte Nobuhiro, wenn ich einen Tag pro Woche bei ihm in der Werkstatt helfen würde. Damit betrachte er Kost und Logis als abgegolten. Ansonsten könne ich tun und lassen, was ich wolle. Im „alten" Haus, dem vorderen Gebäude, das an die Straße grenze und in dem der *sensei* gelebt habe, sei auch eine Küche, in der ich mir selber kochen könne, wenn ich einmal allein sein wolle. Ich zögerte keinen Augenblick und sagte zu.

Als ich Ende März gemeinsam mit Nobuhiro durch das Haus des alten Meisters streifte, um ein geeignetes Zimmer für mich zu suchen, stellte ich rasch fest, daß der Verlust meines Panoramazimmers im Haus der Frau Mitsui zu verschmerzen sein würde. Das alte Haus der Shibata stand zwar eingekeilt zwischen gleich hohen Gebäuden an einer engen Straße, bot dafür aber ganz andere Qualitäten als das vorige.

Bemerkenswert fand ich den Zuschnitt des Grundstücks und des Hauses. Die Front zur Straße hin war relativ schmal, doch zog sich der Grund nach hinten so weit in die Länge, daß auf das Vorderhaus noch Werkstatt, „Tresor" und das moderne Hinterhaus folgen konnten.

Nobuhiro grinste. „Steuertrick", erläuterte er. „Früher wurden die Steuern nach Fassadenbreite berechnet. Deshalb hat jeder so schmal wie möglich gebaut. Lauter längliche Grundstücke sind so entstanden, die die Kyotoer *unagi-ana* nennen – Aalhöhlen."

Eingang des Hauses Shibata. Auf dem Vorhang steht: „Kaiserlicher Bogenmacher"

Gebaut worden war das Haus „Anfang der Meiji-Zeit" – vor hundert Jahren etwa. Das war ein biblisches Alter für ein Holzhaus. Allerdings war für den Bau das legendäre *Hinoki*-Holz verwendet worden. Legendär deswegen, weil in der Nachbarstadt Nara das älteste noch existierende Holzgebäude der Welt, der Horyuji-Tempel aus dem siebten (!) Jahrhundert, aus *hinoki* erbaut worden war.

Das untere Stockwerk beherbergte neben der Garage – die gleichzeitig den Flur bildete –, einem kleinen Ausstellungsraum für Bogen, der Küche und zwei weiteren Zimmern einen besonders schönen, geräumigen Raum, der mit verschiedenen Kunstgegenständen und einem großen Tisch ausgestattet war. Es diente den Verhandlungen mit wichtigen Kunden, die aber nur alle paar Wochen einmal auftauchten. In der Zwischenzeit benutzten es die Kinder als Spielplatz. Seine Frontseite bildeten zwei große Glasschiebetüren, die den Blick freigaben – auf einen Garten. Eine Überraschung, denn seine Existenz war von außen nicht zu ahnen gewesen.

Der Garten war auf allen vier Seiten von Gebäuden umschlossen. Höchstens so groß wie ein besseres deutsches Wohnzimmer, war er aber mit den typischen Materialien wie Kies, ausgesuchten Steinen, Moos, niedrigen Büschen, kleinen Bäumen und einer archaischen Steinlaterne liebevoll ausgestattet worden. Auf zwei Seiten umlief eine *engawa* das Atrium, auf den anderen beiden wucherten Efeugeflechte die Mauern empor, so daß statt Enge heimelige Geborgenheit zu spüren war. Der Garten war raffiniert genug angelegt, um vergessen zu machen, daß man sich direkt im Zentrum einer Millionenstadt aufhielt. Man hätte sogar der Illusion erliegen können, hinter den Efeumauern befinde sich weitere Natur – Felder, ein Bambuswald vielleicht. Unter dem Dach hing eine winzige Metallglocke, die ebenfalls zur Gartenkomposition gehörte. Sie gab bei einer leichten Brise ein helles „Ping" von sich, ein Geräusch, das in der erstaunlichen Stille dieses Ortes glasklar zu vernehmen war und von dem die Japaner behaupteten, es erfrische an heißen Tagen wie ein Spritzer kühlen Wassers.

Nobuhiro zeigte mir stolz einen Hochglanz-Bildband über die Gärten Kyotos, in dem auch der der Shibata abgebildet war, farbig, und über zwei ganze Seiten.

„Keiner weiß genau, wie alt er ist", sagte Nobuhiro. „Aber seit die Shibata hier wohnen, hat es einen Garten an dieser Stelle gegeben. Der *sensei* pflegte jeden Morgen nach dem Aufstehen seinen ersten Gang hierher zu tun und mit der Schere die Büsche und Bäume zu stutzen. Seit er nicht mehr hier ist, kümmert sich leider niemand mehr so richtig um die Pflege."

Anders als das Haus von Frau Mitsui, besaß dieses hier ein zweites Stockwerk. Alle Zimmer mit Ausnahme der Küche hatten die gewohnten Papierwände. Im zentral gelegenen Raum, der auf allen vier Seiten von *shoji* begrenzt wurde, lagen auf einer Seite hinter den Schiebetüren der Hausaltar, ein Wandschrank voller Wäsche und eine Treppe zum oberen Stockwerk direkt nebeneinander. Bei geschlossenen Türen war da kein Unterschied zu sehen. Mein Zimmer lag oben, und mehr als einmal hätte ich im Dunkeln beinahe den Hausaltar beschädigt, als ich den Durchgang zur schmalen Stiege suchte.

Am Abend meines Einzugs speiste ich wieder mit Nobuhiros Familie, diesmal als neues Familienmitglied. Der kleine Munehiro fand als meinen Vornamen „Fan-Fan" viel interessanter, und Makiko hängte auch gleich die verniedlichende Form von *san*, nämlich *chan*, an dieses Kürzel an. Nobuhiros Frau amüsierte sich sehr über diese Umtaufung, und alle drei – außer dem Familienoberhaupt – riefen mich ab sofort Fan-Fan-Chan.

Ich schlüpfte ziemlich früh in meinen *futon* an diesem Tag. Morgen würde mein erster Arbeitstag sein – in der Werkstatt des Bogenmachers des Kaisers von Japan.

Scharf, rasiermesserscharf, waren die Klingen, die Nobuhiro zum Bambusschnitzen verwendete. Dazu setzte er sich in den Schneidersitz, legte sich die Bambuslatten über die Beine und zog das blitzende Messer gegen jede Sicherheitsregel kräftig auf sich zu. Immer und immer wieder glitt der Stahl dicht vor seinem Bauch über den Bambus. Die abgespalteten Holzreste rollten sich nicht ein, sie fielen als scharfkantige Streifen von der Leiste ab.

Ich hockte an der Seite von Nobuhiro am Boden und beobachtete seine geschickten Bewegungen. Was ich da sah, war der erste Arbeitsgang für einen Bogen. Die Arbeit für ein gutes Produkt konnte sich insgesamt über Monate erstrecken, je nach Qualität und Witterung, und genaugenommen hatte sie auch schon lange vor diesem ersten Schritt begonnen. Bis zu hundertfünfzig Jahre konnte das zurückliegen. So alt war der älteste Bambus, den die Shibata in ihrer *kura* aufbewahrten.

Das Alter der verschiedenen Bambusleisten, die Nobuhiro immer wieder aus dem gemauerten Schatzhaus hervorzauberte, lernte ich schnell unterscheiden. Frisch geschnittene Stangen waren noch grün. Der Meister bezog sie vom Holzhändler en gros, für fünfhundert Yen pro Meter. Er breitete sie auf dem gekachelten Dach der Werkstatt aus, wo sie trockneten und allmählich ausbleichten, bis sie das Beige annahmen, das man auch bei uns von diesem Holz kennt. Lagert man den Bambus in diesem Zustand ein, entsteht auf seiner Oberfläche im Lauf der Jahre eine Patina. Nach zwanzig Jahren hat sie sich ins Ocker verfärbt, nach sechzig Jahren ist sie richtig braun, und nach hundertfünfzig Jahren strahlen die Stangen in einem satten Umbra, das einem

Auf dem Dach der Werkstatt trocknet der Bambus. Links im Hintergrund die „kura", das Schatzhaus

mattglänzenden Lack ähnelt. Je älter das Holz, desto mehr verliert es freilich seine Spannkraft. Alter, weicher Bambus fand gewöhnlich nur für Bogen von älteren Leuten Verwendung, die nicht mehr so viel Kraft besaßen.

Die innen hohlen Bambusstangen spaltete Nobuhiro in vier gleich breite Leisten, alle sanft gerundet, auf. Die zwei seitlichen, gegenüberliegenden davon waren von vornherein unbrauchbar, da sie bei jedem Bambus in leichter Zickzackform wachsen, die restlichen beiden, die immer gerade waren, wurden weiterverarbeitet. Die „guten" Viertelleisten erkannte Nobuhiro an kleinen Narben in der Oberfläche. Jede von ihnen nahm er einmal so in die Hand, daß die Enden waagerecht zu beiden Seiten hervorragten und er sie genau in der Mitte balancierte. Dann wippte er ein paarmal kräftig mit dem Arm nach oben und unten. Nur an der Art, wie die beiden Bambusenden federten, erkannte er mit unfehlbarer Sicherheit, ob aus dieser Leiste ein Spitzenbogen, ein mittelmäßiges Stück oder Brennholz werden würde. Dann griff er das erstemal zum Messer und glättete damit die Innenseiten der gerundeten Leisten so lange, bis sie eben waren. Hatte er davon eine größere Anzahl zurechtgemacht, suchte er die Leistenpaare für Außen- und Innenseite eines Bogens heraus. Sie durften nie von ein und derselben Bambusstange stammen und mußten sich ergänzen wie ein „männlich-weibliches Paar". Auf welche Weise Nobuhiro diese einleuchtende Kombination herausfand, blieb mir völlig unbegreiflich. Er konnte mir das trotz seiner sonstigen Gesprächigkeit auch nicht erklären.

„Ich habe selber zehn Jahre gebraucht, um das herauszufinden", sagte er nur.

Zwischen dem „männlichen" Innen- und dem „weiblichen" Außen-Bambus kam nun eine Innerei, die etwas komplizierter herzustellen war: Zwei dünne Streifen Bambus, die vorher über Holzkohlefeuer geröstet wurden, klebte er senkrecht zur Schußrichtung mit drei Schichten *Haze*-Holz zusammen, und zwar so, daß außen und im Zentrum je eine Schicht *Haze*, dazwischen der geröstete Bambus zu liegen kam.

Den Klebstoff produzierte Nobuhiro selbst. Er kochte Rehhäute aus und verdickte und trocknete die daraus entstehende schwärzliche Gelatine so lange, bis dicke, etwa tellergroße Platten daraus entstanden. Diese Platten lagerte er ein, bis er genug Bogen zusammen hatte, daß sich das Kleben lohnte. Die darauffolgenden Arbeiten übertrug er mir. Ich mußte die steinharten Platten mit scharfen Messern zu feinen Spänen verarbeiten, was pro Platte gut und gern einen Tag Knochenarbeit und zwei Tage Muskelkater bedeuten konnte. Die Späne wurden in einem Kupfertopf wieder aufgekocht, was zwar nur einige Stunden in Anspruch nahm, aber ständiges Rühren und unablässige Aufmerksamkeit erforderte, damit die kaugummiähnliche, gräßlich stinkende Masse nicht anbrannte. Während ich schwitzend und mit schmerzenden Armen in dem schweren Brei herumquirlte, stellte sich Nobuhiro gerne neben mich und lachte über meinen Anblick. Gleichzeitig duldete er nicht, daß ich auch nur einen Moment von der Arbeit abließ. Der Leim sei viel zu wertvoll, meinte er.

Wenn die stinkende Rehhautsoße schließlich ganz dünnflüssig geworden war, strichen wir gemeinsam die verschiedenen Holzstreifen damit ein und fügten sie locker zusammen. Sie mußten ein paar Tage trocknen, bis Nobuhiro wieder zum Schnitzmesser griff, um sie genauso glatt zu schneiden wie den Deckbambus. Dann folgte wieder ein „Klebetag". Innerei und Deckbambusstreifen wurden eingeleimt, zusammengepaßt und mit Hanfseilen eingebunden, die, immer über Kreuz, in unzähligen Windungen um das Holz gewickelt wurden. Kaum waren die Enden verknotet, mußte in jede Schnurkreuzung ein hölzerner Keil getrieben werden, der die notwendige, gleichmäßige Druckkraft zum Zusammenhalt jedes einzelnen Zentimeters des zukünftigen Bogens gewährleistete.

Wenn ich nach einigen Tagen die Schnüre wieder lösen durfte, sah ich eine Holzstange aus verschiedenen Lagen vor mir, die mit einem Bogen noch nicht viel Ähnlichkeit besaß. An jede ihrer beiden Enden wurde ein schmales Stück Edelholz, zum Beispiel Kirsche oder chinesisches Teak, provisorisch angeleimt, das später, noch zurechtgeschnitzt, zum Einhängen der Sehne dienen würde.

Nobuhiro ließ von Anfang an keinen Zweifel daran aufkommen, daß er mich nicht nur zum Ausfegen oder Leimrühren engagiert hatte. Gleich am ersten Tag drückte er mir eins der superscharfen Schnitzmesser in die Hand, zeigte mir, wie ich es anfassen sollte und ließ mich zur Übung Bambuskeile schnitzen. Der Bambus schnitt sich butterweich, allerdings ausschließlich in der Richtung seines natürlichen Wuchses und mit der ständigen Gefahr, daß haarfeine Splitter unbemerkt in die Haut der Hände eindrangen.

Als ich mich nicht ganz so ungeschickt anstellte, wie vielleicht zu erwarten gewesen wäre, und ich mich nicht einmal in den Finger schnitt, reichte mir Nobuhiro schon nach wenigen Tagen einen fast vollendeten Bogen.

„Hier ist feines Sandpapier. Gib ihm bitte den letzten Schliff, aber nur an den Seiten. Wenn du mir den Deckbambus zerkratzt – er ist siebzig Jahre alt –, schmeiß ich dich sofort raus."

„Was wird denn dieser Bogen so ungefähr kosten?" wollte ich – etwas nervös – wissen.

„Vielleicht zweitausend Mark oder ein bißchen mehr. Das hängt davon ab, wie mir der Kunde gefällt und ob er reich ist."

„Setzt du nur danach den Preis fest?" fragte ich.

„*Tonde-mo-nai* – um Gottes willen, nein!" rief Nobuhiro und lachte. „Ich weiß, was an Material und Arbeit im Bogen steckt, danach errechne ich den Preis. Wenn jemand allerdings feilschen will, dann sage ich nur: ‚Wenn der ehrenwerte Kunde seinen Bogen vielleicht woanders kaufen möchte . . .' und verabschiede mich."

Er konnte sich solches Selbstbewußtsein leisten. Über Mangel an Kundschaft brauchte er sich nun wirklich nicht zu beklagen, im Gegenteil. Obwohl er keinen Laden belieferte und die Adresse seiner Werkstatt nur durch Mund-zu-Mund-Propaganda weitergegeben wurde, war er mit Aufträgen regelrecht überhäuft. Alle halbe Jahre tauchte zu allem Überfluß noch das staatliche Fernse-

Beim Polieren in der Werkstatt Shibata

hen NHK auf und filmte wieder einmal eine Dokumentation über das traditionelle Bogenbauen. Nach der Ausstrahlung solcher Sendungen brach gewöhnlich eine Flut von Bestellungen über Nobuhiro herein, der er kaum Herr werden konnte.

Den teuren Bogen brachte ich glücklich und ohne Schleifspuren auf dem antiken Deckbambus zu Ende. Nobuhiro war mit mir zufrieden und übertrug mir von da an regelmäßig Arbeiten an edleren Stücken.

Ich merkte jedoch sehr schnell, daß ich das Bogenbauen hier ganz bestimmt nicht lernen würde. Nobuhiro hatte nicht übertrieben, als er seine Lehrzeit auf zehn Jahre beziffert hatte. Es gab weder schriftliche Aufzeichnungen über die Kunst des Bogenbauens im Haus, noch erhielt ich von Nobuhiro mündliche Erklärungen zu den entscheidenden Arbeitsschritten. Der Grund dafür waren nicht etwa geheime Techniken und Kniffe, die er nicht preisgeben wollte – es gab einfach nichts zu erklären. Auf Fragen, wie er wisse, warum er etwas gerade so zu tun habe, wie er es tat, woran er die Qualität des Bambus messe, wie er die spätere Spannkraft des Bogens steuere, erhielt ich nur Antworten wie „Gefühl", „Sinn", „einfach so". Anschauliche Begriffe verwendete er nur, wo es um die Benennung von Werkzeug, Holz oder Arbeitsvorgängen ging. Sein Unterricht bei Meister Shibata hatte offensichtlich mehr oder minder im Demonstrieren bestimmter Handgriffe bestanden, nicht in theoretischen Erklärungen.

Doch nun zurück zu den „entscheidenden Arbeitsschritten", die zur Fertigstellung eines Bogens nötig waren. Die Stange, die aus den beiden Deckbambusleisten und der Innerei zusammengeleimt worden war, mußte nun gebogen werden. Das war nicht so simpel, wie es sich anhört. Zunächst wurde ein bauchiger Sägespanofen mit einem Wasserkessel darauf – eine Eigenkonstruktion von Nobuhiro, die auch das Bad mit Heißwasser versorgte – so lange angeheizt, bis Dampf unter hohem Druck entstand. Den Dampf leitete Nobuhiro über einen Schlauch dort hin, wo die zukünftigen Bogen, die erneut mit Hanfseilen eingeschnürt worden waren, unter einer Matte in einer Metallwanne bereitlagen. Ich öffnete ein Ventil am Kessel, der Dampf fauchte heraus, und nach etwa einer Minute waren die Bogen unter der Matte vom Wasserdampf so weich geworden, daß sie sich mit den Händen wie Gummi biegen ließen. Nun mußte es schnell gehen. Nobuhiro arbeitete unter Hochspannung. Er durfte in solchen Momenten durch nichts abgelenkt werden. Der Schweiß lief ihm in Strömen über das Gesicht. Er schnaufte wie ein Stier. Mit einem Holzhammer trieb er wieder Bambuskeile in die Schnurkreuzungen, zwang dann den schon erkaltenden Bogen mit Händen und Füßen (!) in seine Form und klopfte die Keile endlich auf eine Art fest, die an jeder einzelnen Stelle im Bogen unterschiedliche Spannungen entstehen ließ. Das Ergebnis war, daß nach dem Auswickeln einige Tage später wie durch ein Wunder ein perfekt geformter Bogen herauskam. Das Material hatte drei gegenläufige asymmetrische Kurven angenommen, und durch den Wasserdampf war der Rehhautkleber bis in die letzten Poren der zusammengefügten Holzlagen eingedrungen.

Wenn Nobuhiro sich für einen Tag vorgenommen hatte, Bogen in ihre Form zu biegen, dann schlich er schon am frühen Morgen angespannt umher, nervös, geistesabwesend, aber doch seltsam konzentriert. Hatte er dann vier, fünf Bogen bezwungen, war er körperlich und seelisch vollkommen erschöpft und am selben Tag zu keiner weiteren Arbeit mehr fähig. An solchen Abenden gingen wir zwei meistens in die Sauna.

Dabei stand der Fertigstellung des Bogens noch ein Arbeitsgang bevor, der an Anstrengung der Formgebung in nichts nachstand, ja, sie eher noch in den Schatten stellte.

Die Mahlzeiten nahm ich nun meistens gemeinsam mit der Familie ein. Ich gewöhnte mich sogar an das japanische Frühstück und verzehrte mit täglich größerem Genuß schon am Morgen *Miso*-Suppe, *tsukemono* – das sauer-scharf eingelegte Gemüse, Fisch und einen Berg Reis mit einem rohen Ei darüber. Nobuhiros Frau Hiromi kochte hervorragend. Jeden Tag ging sie zum Markt und kaufte irgendeine Spezialität für mich ein: einen besonders guten Fisch, feines Fleisch und, nachdem sie mitbekommen hatte, daß ich Süßigkeiten gerne mochte, *o-kashi*, japanische Plätzchen. Tagsüber kam sie mehrmals zu uns in die Werkstatt, brachte uns Tee und Süßigkeiten und sah uns eine Weile bei der Arbeit zu. Zum Abendessen schien sie sich immer wieder selbst zu übertreffen. Ich aß mit großem Vergnügen und einem Bärenappetit, denn die Arbeit an der frischen Luft machte hungrig. Besonders der gute Reis hatte es mir angetan. Was ich noch Monate vorher für unmöglich gehalten hätte, trat ein: Ich kam gänzlich ohne Brot aus. Statt dessen verdrückte ich täglich ein Pfund Reis – Naßgewicht. Ich war richtiggehend süchtig danach. Nach drei Wochen hatte ich sieben Kilo zugenommen und war schwerer als jemals zuvor in meinem Leben.

Einmal beim Abendessen schaute Nobuhiro kurz zu mir herüber und sagte: „Stefan-*san* . . ., du arbeitest so viel; ich habe das Gefühl, daß ich dir etwas bezahlen muß."

Ich wehrte heftig ab. Doch Nobuhiro ließ nicht locker, redete von schlechtem Gewissen, wenn er mir nichts gebe. Ich lehnte kategorisch ab, fühlte doch eher ich mich als Nutznießer der Gastfreundschaft der Familie Shibata.

„Nun gut", sagte Nobuhiro. „Was hältst du dann davon, wenn wir dir einen Bogen bauen, einen richtig guten, meine ich? Du kannst selbst an ihm mitarbeiten."

Da konnte ich nun doch nicht widerstehen. Ich sträubte mich

höflich noch ein wenig, doch Nobuhiro kannte mich schon viel zu gut, als daß ihm mein geheimes Entzücken entgangen wäre.

Gleich am nächsten Morgen nahm er den versprochenen Bogen in Angriff. Eifrig begann er, einen geeigneten Bambus für mich herauszusuchen. Rein äußerlich hätte mir der älteste mit der glänzenden Patina aus seinen Beständen am besten gefallen, doch Nobuhiro erklärte: „Nein, nein, der alte Bambus ist zu weich für dich. Wie alt bist du?"

„Fünfundzwanzig."

„Gut. Ein Holz, das genauso alt ist wie du, wird das richtige sein. Nach so einer Zeit hat es gerade die Schärfe, um einen Burschen wie dich kräftig herauszufordern. Du wirst mit ihm kämpfen müssen", grinste er. Aus einem Berg Bambusleisten suchte er mittels seines Wipp-Tests zwei geeignete Altersgenossen von mir heraus, hielt sie prüfend aneinander, nickte zufrieden und begann mit dem Schnitzmesser die Kanten zu glätten. Plötzlich gab es ein kleines Geräusch, es war nicht mehr als ein leises Knistern. Nobuhiro blickte erstaunt und etwas hilflos auf, und ich begriff. Die Bambusleiste war gebrochen.

Nobuhiro fluchte. Guter Bambus war das gewesen, teurer Bambus. Aber er hatte mich vorher schon einmal gewarnt: „Je besser die Qualität des Bambus, desto leichter bricht er." Ich erinnerte ihn lieber nicht an diesen Satz.

Wieder begann die Suche nach einer geeigneten Leiste. Schließlich meinte er, sie gefunden zu haben, und machte sich mit dem Messer an die Arbeit. Als sich das knackende Geräusch wiederholte, blickte Nobuhiro einen Moment fassungslos auf seine Hände, sprang wie elektrisiert auf die Beine, schleuderte die Trümmer wütend auf den Boden und schrie: „Stefan-*san*! Mach sofort Feuer im Ofen! Ich will das Zeug nicht mehr sehen. Verbrenn es, schnell!"

Nobuhiro war den Tränen nahe. Er riß sich den Arbeitskittel vom Leib, sprang wutschnaubend aus der Werkstatt und verschwand im Haus. Während ich die Bruchteile meines einst zukünftigen Bogens in den Ofen stopfte, hörte ich ihn drinnen fluchen: „Noch nicht ganz zehn Uhr, und schon hunderttausend Yen im Eimer!" Als die Bruchstücke vollständig verkohlt waren und nur noch dünne Rauchfäden von sich hauchten, folgte ich Nobuhiro ins Haus.

Er saß am Tisch, vor sich eine Schale grünen Tee; irgendwo lief der Fernseher. Der Meister schien sich einigermaßen gefangen zu haben. Den trotzigen Widerstand der Materie, sich zu einem Bogen für mich verarbeiten zu lassen, wollte er nicht als böses Omen deuten. Er nahm ihn nur als Zeichen, daß diese Aufgabe eine echte Herausforderung darstellte und ernst genommen werden wollte – ernster, als er vielleicht angenommen hatte. Das hatte ihm der Bambus unmißverständlich vor Augen geführt.

„Weißt du, was das Erstaunliche an dem Unglück ist?" fragte Nobuhiro, ohne eine Antwort zu erwarten. „Beide Deckbambusleisten waren weiblich."

Die „Kirschblütenfront" im Fernsehen hatte für den folgenden Sonntag „Vollblüte" für Kyoto vorausgesagt. Der Grad der durchschnittlichen Öffnung der Blüten wurde jeden Tag in Prozenten gemeldet. Für Sonntag verkündete man Höchstwerte. Sofern es nicht regnete, würde dieser Tag ein Volksfest werden.

Tatsächlich schien die Sonne. Zu Tausenden strebten die Kyotoer, die Bewohner der umliegenden Regionen und Touristen aus ganz Japan in die legendären Kirschblütenparks der alten Kaiserstadt: in den Garten des Heian-Jingu-Schreins, in den „Philosophenweg" im Osten der Stadt und in den Maruyama-Park.

Die Kirschblüte, ein südländisch anmutendes Fest

Sie breiteten unter das schäumend weiße Blütendach ihre mitgebrachten Matten aus, zauberten *sushi* zum Essen und Sake zum Trinken hervor und tanzten zu lautstarker Musik bis weit in die Nacht hinein. Ein Anblick, den ich jedem Europäer gewünscht hätte, der Japaner nur als verbissene Arbeitstiere kennt. Nichts lag ihnen ferner an diesem Tag als die Arbeit. Sie tranken bis zur Besinnungslosigkeit, sangen, tanzten unter den Kirschbäumen und benahmen sich alles in allem so, wie man es in Europa eher von Südländern gewohnt ist. Und nie wurden die Angeheiterten aggressiv. Lustig wurden sie, müde oder melancholisch, doch Schlägereien erlebte ich in dem dichten Kirschblütentrubel nicht.

Am Vormittag dieses Tages hatten wir wieder Training in unserem kleinen Schrein. Bis dahin hatte ich gar nicht bemerkt, daß es hier auch *Sakura*-Bäume – Kirschblütenbäume – gab, die übrigens ihre gesamte Energie für die Blüten verschwenden und keine Früchte tragen. An diesem Sonntag blühten auch sie mit betörender Kraft. Bei jedem Luftzug rieselten leise die weißen Blütenblätter hinunter ins Gras. Die gesamte Szene – wir Bogenschützen in traditioneller Kleidung, die Kirschblüten, die geschwungenen Schreindächer – kam mir vor wie ein Klischee aus einem mittelmäßigen Japan-Buch. Fehlte nur noch ein Haiku, die klassisch japanische Gedichtform, die zu keinem bedeutenden Tag des japanischen Jahreszyklus fehlen darf.

Ein Haiku schildert in drei Zeilen mit 5:7:5 Silben meistens nur angedeutet ein Naturbild, das bestimmte Assoziationen beim Hörer auslösen soll. Das Dichten dieser Dreizeiler ist eine Kunst, an der sich Millionen Japaner in Wettbewerben und in über tausend Fachzeitschriften versuchen. Frau Mitsui besuchte zum Beispiel regelmäßig einen Haiku-Club, in dem Friseure, Beamte und Hausfrauen ihre poetischen Fähigkeiten erprobten. Solch ein dreizeiliges Juwel fiel mir beim Anblick der Blütenpracht ein: Es stammt von dem Dichter Shuan Tefu:

Schlanke Pfeile, wir
jagen durch sachtfallende
Kirschblütenblätter.

Geburtstagsfeier für den Tenno

Am 29. April ist Kaisers Geburtstag – der höchste Nationalfeiertag der Japaner.

Mein Kampfsport-*sempai* Yamamura, zu dem ich auch nach meinem Austritt aus dem *shorinji-dojo* noch Kontakt unterhielt, hatte mir im Winter, als wir einmal miteinander einen heben gegangen waren, etwas verraten, was er spöttisch „sein Geheimnis" nannte: Er war Mitglied einer rechtsradikalen Gruppe.

In meinem fröhlichen Zustand hatte ich dieses Geständnis damals fast überhört. Doch schon am folgenden Tag fiel es mir wieder ein, und ich konnte kaum fassen, daß so ein freundlicher, gebildeter Mensch wie er ein Extremist sein sollte. In Deutschland hatte ich noch niemals jemanden aus dem nationalistischen Dunstkreis getroffen, der mir über Stammtischweisheiten hinaus etwas zu sagen gehabt hätte. Um so größer war jetzt meine Überraschung.

Ich zögerte keine Sekunde, als mich Yamamura zur Zeremonie des kaiserlichen Geburtstages seiner Gruppe einlud. Natürlich wollte man den Anlaß würdig begehen, zumal er auch noch mit dem sechzigjährigen Jubiläum der Thronbesteigung zusammenfiel, denn der fünfundachtzig Jahre werdende Monarch verkörpert besonders für Konservative immer noch die Größe und Tradition des alten Japan, dessen Untergang sie zutiefst betrauern.

Am Jubeltag machte ich mich also gegen Mittag auf den Weg zur Sanjo-Straße, wo Morioka, der Führer von Yamamuras Gruppe, wohnte. Es gab zwar einen eigenen Versammlungsraum in der Nähe der Kawaramachi-Straße, doch waren nach Yamamuras Aussage dort unter Umständen „Störungen“ zu befürchten, die er mir aber konkret nicht weiter erklären wollte.

Flügelkämpfe extremistischer Gruppen können in Japan äußerst brutal ausgetragen werden; erst wenige Wochen zuvor war an der Kyoto-Universität, die ich zweimal die Woche als Gasthörer besuchte, mitten auf einem Gang ein kommunistischer Student von Anhängern einer rivalisierenden, ebenfalls kommunistischen Gruppe erstochen worden. Mit solchen Ausschreitungen war im Falle von Yamamuras Gruppe allerdings nicht zu rechnen; sie zählten sich eher zu den ruhigen, die auf verbale Überzeugung setzten und insofern wohl nichts zu befürchten hatten.

Während ich auf dem Fahrrad der Sanjo-Straße zustrebte und an zahllosen Nippon-Wimpeln vorübersauste, die brave Bürger aus ihren Schiebefenstern gesteckt hatten, mußte ich an die weniger ruhigen aus der rechten Ecke denken, die in langen Fahrzeugkolonnen von Zeit zu Zeit die Straßen Kyotos durchstreiften. Ein solcher Konvoi von schwarzen, megaphonbewaffneten Jeeps und Bussen hatte erst vor kurzem einmal unvermittelt vor mir gehalten, als ich ihn fotografieren wollte. Statt der erwarteten Prügel erhielt ich von den schwarzgekleideten Insassen eine grinsende Galavorstellung für meine Kamera. Während ich mich mühte, die Herren möglichst fotogen vor die antikommunistischen Parolen zu postieren, die sie großflächig auf Autos und Fahnen gepinselt hatten, wurde die gesamte Szene ein weiteres Mal für die Nachwelt festgehalten, von einigen kamerabewehrten Männern im Hintergrund nämlich, die an ihrer unauffälligen Kleidung unschwer als Polizisten zu identifizieren waren und dem schwarzen Konvoi die ganze Zeit auf dem Fuße folgten.

Das Interesse der Extremisten an mir war nicht schwer zu erklären. Die einheimischen Passanten, oft genug gequält von phonstarker Marschmusik und donnernder Agitation aus den Lautsprechern der Konvois, hatten sich nämlich mit gleichgültigen bis angewiderten Mienen abgewandt; nur ich als Ausländer war auf das Spektakel hereingefallen und diente als Propagandaopfer.

Diese Szene spukte mir noch im Hirn herum, als ich in die Sanjo einbog, doch hatte Yamamura mir ja versichert, daß seine Gruppe mit solchen lautstarken Agitationszügen nichts zu tun haben wolle.

„In der Sache sind wir uns oft einig, aber sie schaden uns mehr, als sie uns nützen. Außerdem weiß doch jeder, daß die von den *yakuza*, der Mafia, bezahlt werden!" hatte er klargestellt.

Als ich bei der Adresse von Morioka schließlich angelangt war, stellte ich mein Fahrrad vor dem modernen Betongebäude ab und stieg in den vierten Stock hinauf. Neben dem Namen „Morioka" prangte an der Tür ein großes Schild mit den Zeichen für „Rakufu", dem Namen der Gruppe, der auf Deutsch sowohl „der Hauch Kyotos" als auch „nach Art des alten Kyoto" heißen kann.

Ich klingelte. Als die Tür sich öffnete, stand vor mir ein Mann mittleren Alters in einem weißen, wallenden Gewand. Auf dem kurzgeschorenen Kopf trug er einen nach oben spitz zulaufenden, schwarzen Hut, der mit zwei Bändern unter dem Kinn verknotet war. Der Aufzug erinnerte an einen Shinto-Priester. Ich lag damit sogar richtig. Der so festlich Gekleidete war Morioka, der in seinem bürgerlichen Dasein einen Buchladen betrieb, außerdem aber die Lizenz als Shinto-Priester besaß.

Shinto ist bis zum Zusammenbruch 1945 Japans Staatsreligion gewesen, mit dem Gottkaiser als Oberhaupt. Und so sehen ihn auch heute noch viele ultrakonservative Japaner, obwohl Tenno Hirohito 1945 in seiner legendären Rundfunkansprache – seiner ersten überhaupt – seinen Verzicht auf den Anspruch der Göttlichkeit erklärt hat. Eine Katastrophe in den Augen der Nationalisten, die sie bis heute nicht verwunden haben.

Ich stellte mich kurz vor und fragte nach Yamamura, worauf mich Morioka hereinbat. Im Windfang zog ich meine Schuhe aus und trat vorsichtig in den nächsten, mit *tatami* ausgelegten Raum. Etwa zehn Männer mit ernsten Gesichtern waren dort bereits versammelt. Alle waren im Anzug, und ich war heilfroh, daß ich am Morgen intuitiv meine einzige Krawatte umgebunden hatte. Yamamura stellte mich mit kurzen, sehr höflichen Worten vor. Ich verbeugte mich reihum. Beim Wort „Deutscher" ging ein beifälliges Nicken durch die Runde. Zu weiteren Erklärungen kam er dann nicht, weil der Shinto-Ritus, den die „Rakufu"-Leute an den Anfang ihrer Geburtstagszeremonie gesetzt hatten, unverzüglich beginnen sollte.

In einer Ecke des Raumes, den man extra für diesen Tag leergeräumt hatte, sah ich den Shinto-Altar aus rohem Holz stehen. Yamamura deutete mir kurz an, daß ich ihm alles nachmachen sollte. Wir nahmen die *seiza*, die traditionelle, formelle Sitzweise der Japaner ein. Man setzt sich dabei auf die Fersen und legt die Hände in den Schoß. In dieser Haltung fällt es relativ leicht, mit gestrecktem Rücken zu sitzen und sich zu verbeugen, allerdings führt sie nach einiger Zeit zu bohrenden Schmerzen in Knien und Fersen.

Priester Morioka trug verschiedene Litaneien vor, kniete sich immer wieder vor dem Altar nieder, um sich mit stocksteifem Kreuz zu verbeugen, schüttelte dann über uns einen segenspendenden Stock, an dessen Spitze raschelnde Papierbündel befestigt waren.

Da ich von den altjapanischen Texten, die er mit rituell-grotesker Stimme von sich gab, kein Wort verstand, hatte ich genügend Zeit, den Altarschmuck einer näheren Betrachtung zu unterziehen. Neben den Gegenständen, die zu jedem Shinto-Altar gehören, und ein paar Opfergaben, wie Apfelsinen, einige Flaschen Sake, fielen mir eine Reihe von Fotos auf, die sorgsam zwischen den anderen Utensilien postiert waren. Eines zeigte, natürlich, den Tenno in seinem Garten, ein zweites seine Gattin. Auf drei weiteren Aufnahmen, die schon älteren Datums zu sein schienen, erkannte ich die Gesichter von Politikern, die im 19. Jahrhundert für ihre Kaisertreue berühmt gewesen waren.

Auf dem letzten Bild prangte eine Galionsfigur der rechten Szene: der Schriftsteller Yukio Mishima, dessen Geschichte auch außerhalb Japans Schlagzeilen gemacht hat. Vom gefeierten Genius der japanischen Nachkriegsliteratur hatte er sich in den sechziger Jahren mehr und mehr zum Organisator einer utopischen Wehrsportgruppe und zum Schauspieler in billigen Samurai-Filmen entwickelt. Als er seine patriotische Gesinnung und seine ästhetischen Ideale in der japanischen Realität immer weniger verwirklicht fand, griff er 1970 zum Schwert. Mit Gleichgesinnten besetzte er das Hauptquartier einer Kaserne in Tokyo und nahm einen General als Geisel. Den zusammengerufenen Soldaten der Kaserne hielt er vom Balkon des Kommandanturgebäudes eine flammende Rede, in der er sie zur Rückkehr zu den altjapanischen Werten aufforderte und scharf gegen Amerika wetterte. Fünf Minuten später beging er *seppuku* – den rituellen Selbstmord, den man auf deutsch häufig als Harakiri bezeichnet. Mit einem Samurai-Schwert aus dem 16. Jahrhundert schlitzte er sich den Bauch auf, um sich unmittelbar darauf von seinem Kameraden enthaupten zu lassen. Diese traditionell ehrenhafte Todesart hatte es in Japan jahrelang nicht mehr gegeben, und sie verursachte damals – zumal die Armee auf ziemlich zweifelhafte Weise in die Sache verwickelt gewesen war – einen öffentlichen Skandal. Trotz seines unbestrittenen Ruhms als Schriftsteller wissen viele

Japaner bis heute noch nicht recht, wie sie zu Mishima stehen sollen. Nicht so die Männer von „Rakufu". Auf dem Altar stand Mishimas letztes Foto.

Schließlich blieb mein Blick an einer kleinen Kiste hängen, die sich im Zentrum der verehrungswürdigen Gegenstände befand. Von meinem Platz aus war nicht zu erkennen, was sie darstellen sollte, aber ich nahm mir vor, später, bei passender Gelegenheit danach zu fragen.

Zunächst einmal hatte die Zeremonie nun einen Punkt erreicht, wo auch die Mitwirkung des Publikums erwünscht war. Eine Art Glaubensbekenntnis der „Rakufu" wurde im Chor rezitiert. Ein Gebet mit Segenswünschen für den Monarchen folgte. Noch einmal Verbeugungen und Wedeln mit dem Papierbüschel, gefolgt von rituellem Klatschen, das böse Geister vertreiben sollte. Als krönender Abschluß war die japanische Nationalhymne vorgesehen. Dazu mußten wir uns erheben. Aus den verkrampften Gesichtern meiner Nachbarn entnahm ich, daß auch ihre Beine wegen des langen Sitzens in der *seiza* steif geworden waren und beim Aufstehen fürchterlich schmerzten. Während die Hymne gesungen wurde, sah ich, wie aus dem Auge des Mannes schräg vor mir eine blitzende Träne der Rührung langsam die Wange hinunterrollte.

Der offizielle Teil der Geburtstagsfeier war beendet. Nun wurden ein paar Kleinigkeiten zum Essen und Sake herbeigebracht, und wir setzten uns alle im Kreis auf die Matten. Der Sake hatte seine korrekten dreiundvierzig Grad Celsius und schmeckte hervorragend. Schon nach wenigen Gläsern röteten sich die Gesichter meiner Gastgeber, ihre ernsten Mienen entspannten sich, und bald ertönte auch Gelächter.

Yamamura stellte mir nun die einzelnen Mitglieder seiner Gruppe vor, die aus den unterschiedlichsten gesellschaftlichen

Schichten stammten: Bauern, Angestellte, ein Lehrer und ein Rechtsanwalt waren darunter. Ich erkundigte mich nach ihren politischen Zielen.

Sie wollten die Amerikaner aus dem Land haben. Der aus dem Westen eingeströmte Materialismus müsse wieder durch urjapanische Ideen ersetzt werden. Statt Autos, Popstars und Mode sollte die Jugend den Kaiser verehren. Die Großindustrie, die die japanische Landschaft zerstöre, müsse zurückgedrängt werden.

Nach japanischer Art nahm ich diese Information freundlich nickend zur Kenntnis. Ein richtig kontroverses Gespräch war wohl ohnehin – wenn überhaupt – erst nach einigen weiteren Flaschen Sake zu erwarten. Darum stellte ich nun erst einmal die Frage nach dem geheimnisvollen Kästchen auf dem Altar. Für einen Augenblick trat Schweigen ein, bis sich Morioka wortlos erhob, zum Heiligtum ging und das Kästchen mit vorsichtigen Bewegungen aufnahm. Es war oben offen, und so konnte ich die wächserne Totenmaske, die darin lag, sehen. Sie mußte von einem ziemlich jungen Mann stammen.

„Dieser Junge", erklärte Yamamura andächtig, „hat vor fünfundzwanzig Jahren, im Alter von siebzehn, Asanuma, den Vorsitzenden der Sozialistischen Partei Japans, ermordet. Es war gar nicht so leicht, eine Totenmaske von ihm aufzutreiben. Sie ist jetzt unser wertvollstes Stück."

Ich musterte ihn, war verunsichert. War es vielleicht doch falsch gewesen hierherzukommen? Es fiel mir schwer, zu glauben, unter ein Rudel von Extremisten geraten zu sein. Wenn ich alle die Gesichter um mich anschaute . . . Das konnte doch nicht sein.

Ich nickte angestrengt freundlich, worauf das Kästchen an seinen angestammten Platz zurückgestellt wurde, nahm mir aber dann bei der ersten Gelegenheit Yamamura zur Seite, um ihn näher auszufragen.

„Wieso verehrt ihr einen Terroristen?" fragte ich. „Heißt ihr so eine Tat gut? Oder würdet ihr gar selber ...?"

„Nein, nein", wehrte Yamamura ab. „Wir wollen unsere Ziele mit ausschließlich friedlichen Mitteln erreichen."

„Wozu dann die Totenmaske?" drängte ich ihn.

„Was wir an dem Jungen bewundern, ist, daß er diese Tat einfach tun mußte und sie dann auch durchgeführt hat. Wo er doch genau wußte, daß sie keinen Sinn haben würde."

Mir fiel wieder Mishimas Ende ein. Ich fragte, ob es da eine Verbindung gebe.

„Natürlich! Wir haben ein Sprichwort, das heißt: *Yamu-ni-yamarezu*. Es bedeutet: Etwas nicht unvollbracht lassen können, obwohl man weiß, daß es umsonst sein wird. Oder kürzer: Etwas einfach tun müssen! – Diese Haltung bewundern wir, und du findest sie bei dem Jungen genauso wie bei Mishima." – Und bei den Kamikaze-Fliegern, ergänzte ich im stillen und den unzähligen anderen in der japanischen Geschichte, die sich für sinnlose Unternehmen geopfert haben.

Ich bemerkte, daß ich wieder einmal an einem Punkt der Verständnislosigkeit angelangt war, einem Punkt, wo meine abendländischen Kategorien versagten. Für einen Japaner zählten Standhaftigkeit und Opferwille offensichtlich mehr als die Ziele, wofür einer sie bewies. Die Aufopferung für eine Sache war wichtiger als die Sache selbst. Durchhalten an sich war schon etwas Gutes.

Es gab da aber wohl noch einen zweiten Aspekt. Japaner lieben Tragödien, je auswegloser, desto besser. Einem, der von vornherein verloren hat, gehören die Sympathien des Publikums. Das war schon in den mittelalterlichen Samurai-Geschichten so. Und ein Terrorist, der den ganzen Staatsapparat gegen sich hatte, war auch so ein Verlierer. Natürlich mußte er gefaßt, vielleicht sogar hingerichtet werden; des geheimen Mitgefühls der Massen konnte er sich aber sicher sein.

Die Stimmung in der Runde war inzwischen erheblich lockerer geworden. Morioka war gegangen, weil er sich mit Gesinnungsgenossen einer anderen Gruppe treffen wollte; dafür waren drei neue Besucher zu uns gestoßen, die sich an ihrer schwarzen Kleidung und ein paar Abzeichen unzweifelhaft als Teilnehmer eines der lärmenden Fahrzeugkonvois auswiesen. Einer von ihnen war offensichtlich mit einem Mitglied der „Rakufu"-Gruppe befreundet und hatte so den Weg zu Mariokas Wohnung gefunden.

Den ganzen Morgen, so berichteten die drei, seien sie im „Einsatz" gewesen. Fast die gesamte Stadt hätten sie abgegrast und dezibelstark die Aufforderung durch die Straßen geröhrt, die Nationalflagge aus dem Fenster zu hängen und Seiner Majestät die nötige Referenz zu erweisen. Nachdem sie uns lachend ein paar ihrer Erlebnisse aus den vergangenen Tagen erzählt hatten, verabschiedeten sie sich wieder.

„Wir müssen noch hinunter in den Süden der Stadt. Dort soll es Schwierigkeiten mit ein paar Linken geben", meinten sie und verließen mit einigen lässigen Verbeugungen die Wohnung. Kurz darauf brandete imposante Marschmusik von der Straße herauf, an deren allmählichem Verebben wir die Abfahrt unserer Agitatoren noch einige Zeit akustisch verfolgen konnten.

Der Sake, mit dem der gemütliche Teil der Geburtstagsfeier begonnen hatte, war inzwischen aufgebraucht. In Ermangelung weiteren Alkohols griff mein Nachbar nach den Flaschen, die als Opfergaben auf den Altar gestellt worden waren. Die Laune stieg. Yamamura und seine Freunde hatten sich schon längst ihrer Jacken entledigt; kaum eine Krawatte saß noch einigermaßen gerade.

„Ihr Deutschen und wir Japaner, wir haben doch viel gemeinsam!" rief Sato aus, der Geschichtslehrer an einer Mittelschule war. „Fleißig, ordentlich, intelligent. Haben wir nicht beide aus einem Trümmerhaufen wieder ein starkes Land aufgebaut?"

Solche Reden hatte ich schon oft anhören müssen und war sie deshalb schon gewohnt.

„Und von den Deutschen haben wir so viel gelernt", fügte Shinomaru hinzu. Dagegen war nichts einzuwenden, denn tatsächlich hatten die Japaner nach der Öffnung des Landes 1868 Delegationen in die verschiedenen westlichen Länder entsandt, um Bausteine für den Aufbau einer fortschrittlichen, konkurrenzfähigen Nation zu sammeln. Aus Deutschland hatten sie damals unter anderem vieles für ihr Gesundheits-, Militär- und Rechtswesen übernommen.

„Im Zweiten Weltkrieg haben wir zusammen gekämpft und nicht aufgegeben!" fiel nun wieder Sato ein, und ich ahnte, wohin das Gespräch führen würde. Es dauerte denn auch nicht lange, und Sato begann den damaligen Führer der Deutschen zu preisen. Nun widersprach ich aber nachdrücklich. Ich wußte, daß das Hitler-Bild der Japaner sehr einseitig und verzerrt war. Japaner schätzen charismatische Persönlichkeiten, die in der Lage sind, Menschen um sich zu sammeln. Wenn es sich dann auch noch um ein ganzes Land handelte, dazu eines wie Deutschland, das sie sowieso schon bewunderten... Lag es daran, daß sie in ihrer Geschichte nie einen wirklich absoluten Diktator hervorgebracht hatten? Heimlicher Neid vielleicht, weil die japanische Gruppenmentalität einen allmächtigen Führer nicht duldete, der Entscheidungen ohne Absprache und Zustimmung seiner Untergebenen traf?

Ich erklärte der Runde entschieden, daß heutzutage 95 Prozent der Deutschen Hitler haßten (konnte ich da so sicher sein?), nicht zuletzt deswegen, weil die Zerstörung Deutschlands, seine Teilung und die Auswanderung und Auslöschung eines großen Teils seiner Intelligenz Hitlers Werk gewesen sei. Das schien meinen Gesprächspartnern sogar einzuleuchten. Nationalisten beeindruckte man offensichtlich am ehesten dadurch, daß man ihnen klarmachte, wie sehr Hitler die deutsche Nation verraten hatte.

Wir wandten uns wieder unserer Zeit zu. Sonderbarerweise interessierte die Runde am gegenwärtigen Deutschland am meisten das Schicksal der Grünen Partei, der sie sich verwandt fühlten.

„Euer Kanzler ist doch genau wie unser Ministerpräsident, eine Marionette der Amerikaner. Die Konservativen, also eure und unsere Regierungsparteien, sind unsere größten Gegner", erklärte mir Yamamura. „Wir haben gehört, daß eure Grünen auch keine Amerikaner im Land haben wollen und so stark für den Schutz der Natur eintreten. Das gefällt uns."

Ich mußte ihnen ausgiebig vom Tun und Treiben der alternativen Partei berichten, wobei natürlich auch einige Sachverhalte zutage treten mußten, die meinen Zuhörern weniger gefallen konnten.

Mittlerweile ging auch der Opfer-Sake zur Neige. Draußen war es dunkel geworden, aber keiner der „Rakufu"-Leute machte Anstalten zu gehen. Der Alkohol zeigte Wirkung. Shinomaru war einfach eingeschlafen.

Sato, der Lehrer, versuchte mir wortreich zu beweisen, daß es kein Nanking-Massaker gegeben habe. In der chinesischen Stadt Nanking waren im Dezember 1937 mehrere zehntausend Zivilisten beim Einmarsch der Japaner auf bestialische Weise abgeschlachtet worden. Die genauen Umstände waren nie eindeutig geklärt worden. Selbst japanische Schulbücher sprachen stets verharmlosend vom „Nanking-Zwischenfall", was dem Kultusministerium in den vergangenen Jahren geharnischte Kritik vor allem aus dem Ausland eingetragen hatte.

„Ausländische Propaganda!" ereiferte sich Sato und hatte Tränen der Entrüstung in den Augen. „Nicht eine einzige Tötung hat bisher bewiesen werden können!"

Auschwitz-Lüge auf japanisch. Die gleiche, widerliche Verharmlosungstaktik. Ich bedauerte, daß ich zuwenig von der japanischen Geschichte wußte, um ihm fundiert widersprechen zu können, und war im übrigen zu betrunken für die Artikulation eines nachvollziehbaren Japanisch, das ich für meine Argumentation zweifellos benötigt hätte.

Glücklicherweise erschien jetzt Morioka wieder auf der Bildfläche, der außer zwei Flaschen Sake eine Videokassette mitgebracht hatte. Er kündigte uns einen besonderen Höhepunkt des Geburtstagsgelages an. Auf der Videokassette sei der Tenno höchstpersönlich zu sehen. Er habe mittags eine Festrede im Fernsehen gehalten, die man sich nun ansehen wollte.

Während Morioka die Kassette einlegte, bemühten wir anderen uns, einigermaßen Haltung anzunehmen und trotz bewegungstechnischer Koordinationsschwierigkeiten wieder in die *Seiza*-Stellung zu gehen. Selbst Shinomaru war aufgewacht und saß kerzengerade auf seinen Fersen.

Auf dem Bildschirm erschien der gebrechliche Kaiser. Während der alte Herr umständlich zu reden begann, gaben sich die Männer der „Rakufu" hemmungslos ihrer Rührung hin. Alle weinten. Sato war zusammengebrochen und wand sich in Heulkrämpfen. Shinomaru flennte ungeniert, und selbst mein alter Freund Yamamura konnte Tränen der Ergriffenheit nicht verbergen.

„Verstehst du", sagte er und schluckte, „solang der Tenno lebt, muß niemand auf der Welt Angst haben. Er ist unser aller Vater, und er weiß um jeden von uns."

Als das Band zu Ende gelaufen war, rappelte ich mich mühsam

auf die Beine, murmelte unter zahlreichen Verbeugungen in leicht verkorkstem Japanisch Dank und Wiedersehen und drückte mich am immer noch geschüttelt am Boden liegenden Sato vorbei hinaus zu meinen Schuhen.

Familie und Beruf auf japanisch

Ich fühlte mich heimisch bei der Familie Shibata. Drei Tage die Woche saß ich mit Nobuhiro in der Werkstatt, schnitzte Kirschholz, rührte Leim, röstete Bambus. Die Arbeitszeiten bestimmte der Meister nach Lust und Laune. Denn ohne Laune, so argumentierte er, entstehe keine gute Arbeit. Also begannen wir morgens erst nach einem ausgedehnten Frühstück. Weil in diesem Frühjahr das Wetter freundlich und nicht zu kühl war, arbeiteten wir dann oft bis weit in den Abend hinein. Wenn an solchen Tagen die Dunkelheit hereinbrach, setzten wir die einzigen technischen Geräte der Werkstatt ein, zwei Flutlicht-Scheinwerfer, die den schummerigen Raum der Werkstatt in gleißende Helligkeit tauchten. Bereitete uns eine Tätigkeit besonders viel Spaß, schufteten wir auch bis elf Uhr abends weiter.

Nach ein paar Wochen kannte ich den vollständigen Herstellungsprozeß eines Bogens – zumindest vom Sehen. Alle Arbeitsschritte, Werkzeuge und Materialien waren mir vertraut, bis auf zwei, drei, eher unauffällige Handgriffe von Nobuhiro, die er bei jedem Bogen wiederholte. Irgendwie schienen sie mir nicht in den gesamten Vorgang hineinzupassen. Ich fragte nach ihrem Zweck.

„Hast du's also doch bemerkt!" polterte Nobuhiro los. „Dann muß ich es dir wohl erklären. Woran, Stefan-*san*, erkennst du einen echten Shibata-Bogen?"

Arbeit mit Meister Nobuhiro

„Na, zuerst an der Art, wie die Bogenenden geschnitzt sind."

„Gut. Und wie erkennt sie jemand, der noch nicht so viele Bogen aus unserer Werkstatt gesehen hat wie du und der keine Vergleichsmöglichkeiten hat?"

„Am Stempel mit eurem Namen, den ihr in den Deckbambus brennt."

„Richtig. Bloß ist das Brandzeichen ziemlich leicht zu fälschen. Immer wieder versuchen Betrüger, mit dem Namen Shibata Geld zu machen."

„Und wie schützt ihr euch dagegen?"

„Na, genau durch die Handgriffe, nach denen du fragst. Sie hinterlassen nämlich gewisse Spuren am Bogen, die jemand, der davon weiß, leicht als Zeichen unseres Hauses identifizieren kann.

– Aber ich sag's dir", fauchte er plötzlich in veränderter Tonlage, „wenn du sie weiterverrätst, dann kannst du was erleben!" – Daran will ich mich halten.

Übrigens hatte Nobuhiro nach dem Desaster mit dem „weiblichen" Deckbambus meines zukünftigen Bogens den Entschluß gefaßt, nicht nur einen für mich zu bauen.

„Ich glaube, es ist besser, ich baue dir gleich zwei", meinte er. „Dieser Bambus ist so scharf, daß er dir jederzeit um die Ohren fliegen kann, auch später noch. Und in Deutschland wirst du vielleicht niemanden finden, der dir einen gebrochenen Bogen reparieren kann."

Nach zwei Wochen war die anstrengende Formgebung erfolgreich und ohne Komplikationen überstanden; ich wickelte meine beiden Bogen aus den Hanfstricken und lehnte sie zum Trocknen an die Rückwand der Werkstatt.

Abends saß ich mit der Familie oft lange zusammen. Entweder unterhielten wir uns, während einer nach dem anderen zum allabendlichen Bad verschwand, oder Nobuhiro schleppte einen seiner drei Videorecorder an, und wir sahen uns einen Film oder Archivaufnahmen von früheren *Kyudo*-Zeremonien an.

Mit Hiromi, Nobuhiros Frau, verstand ich mich hervorragend. Sie fragte mich gerne nach meiner Familie aus und nach den deutschen Eßgewohnheiten und Lebensverhältnissen. Da sie kein Wort Englisch sprach, mußte ich alles in Japanisch erklären. Auf diese Weise lernte ich allerlei Sprachkunststückchen dazu. Daß mir schon bei der ersten Begegnung mit Hiromi eine frappierende Ähnlichkeit mit dem alten *sensei* aufgefallen war, fand bald seine Erklärung. Sie war seine leibliche Tochter. Nobuhiro hatte in die Familie eingeheiratet und den Namen Shibata angenommen, damit die Familientradition aufrechterhalten werden konnte, denn die Frau des Meisters, die drei Jahre zuvor gestorben war, hatte nur zwei Töchter geboren. Insgeheim fragte ich mich, wie diese Verbindung zustande gekommen war. Hatte der Meisterschüler die Tochter heiraten dürfen? Oder hatte sich der Liebhaber der Tochter zum Meisterschüler des *sensei* gemausert? Unbestreitbar war Nobuhiro ein genialer Handwerker. Er besaß einen Sprengmeisterschein, schweißte Wasserkessel, feilte kunstvolle Metallspitzen für Pfeile, lackierte Ständer für Bogen in alten Techniken – und baute vor allem erstklassige Bogen. Also hatte er vielleicht zur Belohnung die Tochter samt Werkstatt bekommen? Ich beschloß, die Beziehung der beiden zueinander ein wenig zu beobachten.

Nach außen hin hielten sie sich streng an die traditionelle Rollenverteilung. Kam Besuch ins Haus, empfing ihn stets Nobuhiro, und er führte auch die Unterhaltung. Hiromi betrat das Empfangszimmer im Vorderhaus nur, um Tee und Süßigkeiten zu servieren, zog sich aber schnell wieder zurück, ohne in das Gespräch einzugreifen. Ähnlich konservativ war ihr Verhalten am Telefon. Die Stimme in künstliche Höhe geschraubt, piepste sie höfliche Formulierungen in die Sprechmuschel. Handelte es sich jedoch um persönliche Bekannte am anderen Ende der Leitung, passierte genau dasselbe wie nach dem Ende eines Höflichkeitsgespräches: Ihre Stimme sackte unvermittelt auf normale Tonhöhe zurück, sie redete wieder in der alltäglichen, weiblichen Umgangssprache. Nach einiger Zeit lernte ich schon am bloßen Tonfall zu erkennen, mit wem Hiromi gerade telefonierte.

Ich hatte das Glück, von ihr genauso wie von Nobuhiro als Familienmitglied behandelt zu werden. Beide hatten keine Scheu, vor meinen Augen auch über persönliche Dinge zu reden. Auf dieser Ebene stellte sich dann heraus, daß die überlegene Rolle des Mannes im Haus nicht mehr galt. Die *oku-san*, die „im Inneren des Hauses“, zog die Fäden in allen wichtigen privaten und geschäftlichen Angelegenheiten. Nobuhiro suchte stets ihren Rat. Entscheidungen fielen nach meiner Einschätzung nach ausgiebiger, ausgeglichener Diskussion, in der beide Seiten ihre Meinungen vertraten. Daß Hiromi über die gesamten Finanzen des Hauses gebot, Nobuhiro sie sogar um Geld bitten mußte, wenn er mich in die Sauna einladen wollte, war für japanische Verhältnisse völlig normal und keineswegs nur in der Familie Shibata der Fall. Nach längerem Beobachten kam ich zu dem Schluß, daß diese Familie wohl ein Glücksfall war: Zuneigung und Liebe hatten sich mit handwerklicher Berufung getroffen.

Normalerweise herrschen in japanischen Ehen eher kühle zwischenmenschliche Beziehungen. Die meisten Eheschließungen sind vermittelt und erheben gar nicht den Anspruch, aus Liebe entstanden zu sein. Japaner leugnen aber durchaus nicht, daß es die Liebe gibt; sie sind sich nur sicher, daß für eine glückliche Ehe andere Qualitäten gefragt sind. Solch eine Einstellung führt normalerweise dazu, daß japanische Ehepartner nach der Hochzeit immer noch ein ausgeprägtes Eigenleben führen.

Das Bild der „unterdrückten Frau“, das sich mir immer aufdrängte, wenn ich solche „normalen“ Familien kennenlernte, in denen der Mann sehr spät aus dem Büro nach Hause kommt und die Frau ihren Tag mit Kindern, Haushalt und Freundinnen verbringt, mußte ich bald relativieren. Schließlich hatte der Mann kaum eine Möglichkeit, sich über seine Probleme, den Karrieredruck, die allgegenwärtige Unterordnung mit jemandem auszusprechen, da das Verhältnis zu seinen Kollegen, mit denen er die meiste Zeit des Tages verbrachte, entweder von Konkurrenz, von Unterwürfigkeit oder von Macht bestimmt wurde – je nach seiner Stellung in der Hierarchie des Büros. Die Ehefrau hingegen hatte wenigstens die Möglichkeit, mit ihren Freundinnen über ihren

Mann, über Krankheiten, Familie und alltägliche Probleme zu reden. Alternativen in der Lebensführung waren jedoch für beide so gut wie nicht vorhanden: Von ihr wurde die Hausfrauenrolle erwartet, von ihm alle Anstrengungen zu einer Karriere. Wer sich dem nicht fügen wollte, wurde schnell zum Aussteiger und geriet ins gesellschaftliche Abseits, das bei weitem kein solch romantisches Ansehen genießt wie bei uns.

Wenn man also auf das Wort „Unterdrückung" schon nicht verzichten will, dann muß man fairerweise von einer Unterdrükkung aller sprechen. Dann muß man allerdings auch klären, von wem sie eigentlich ausgeht. Von der Gesellschaft? Aber das sind ja wieder alle . . . Ich beschloß, das Wort „Unterdrückung" in diesem Zusammenhang fallenzulassen. Die Japaner hatten einfach andere Regeln. Und ist es eigentlich so schlimm, eine exakt vorgezeichnete Lebensbahn vorzufinden, die einen zwar nicht losläßt, aber eben auch so etwas wie „Sicherheit" vermittelt? Für einen Europäer, der einem Kulturkreis entstammt, in dem alle Werte unsicher, alle Regeln veränderlich, alle Sicherheiten fraglich sind, bleibt dieses Konzept nicht ganz ohne Faszination.

Die Familie Shibata war auf jeden Fall keine „normale" Familie. Nobuhiro ging in kein Büro, er hatte den Arbeitsplatz im Haus, und er unterhielt keinen eigenen Freundeskreis, genausowenig wie Hiromi. Bei ihnen kümmerten sich beide um die Kinder. In anderen Familien konzentrierte nur die Mutter, die ihren Ehemann wenig zu Gesicht bekam, ihre gesamte Liebe auf die Kinder. Man hatte mir erzählt, daß besonders das Mutter-Sohn-Verhältnis in Japan ein Leben lang sehr eng bleibt. Unselbständige Männer, schwere Konflikte zwischen Schwiegertöchtern und Schwiegermüttern, ja, relativ häufige inzestuöse Beziehungen zwischen Müttern und Söhnen seien die Begleiterscheinungen.

★

Kinder, Alte und Betrunkene werden in Japan prinzipiell mit großer Zuvorkommenheit behandelt. Ihre Hilflosigkeit in manchen Situationen findet überall Verständnis. Keiner käme auf die Idee, ein Kind zu schlagen, wenn es eine Dummheit begangen hat. Ich fragte mich, wie eine Erziehung, in der Kinder alles dürfen, funktionieren soll. An Makiko und Munehiro fiel mir auf, daß sie in ihrem kindlichen Alter bereits ein ausgeprägtes Schuldgefühl entwickelt hatten. An dieses appellierten die Eltern häufig, wenn es etwas zu tadeln gab. Direkte Strafen waren dann nicht mehr notwendig. Es überraschte mich auch immer wieder, wie aggressionslos die beiden Kinder mit sich und anderen umgingen.

In diesem Zusammenhang ist mir eine Szene besonders deutlich in Erinnerung geblieben: Makiko spielte an einem Tisch mit Legosteinen, die auch in Japan sehr beliebt sind. Gerade hatte sie ein Haus gebaut, da tappte der kleine Munehiro heran und zerstörte mit ein paar ungelenken Bewegungen das Bauwerk. Makiko schimpfte, fing aber unverdrossen mit der Rekonstruktion ihres Werkes an. Kaum hatte sie es vollendet, war der kleine Bruder wieder zur Stelle und vernichtete fröhlich das Gebäude. Nun sah sich Makiko zu einer ernsthaften Ermahnung genötigt und redete ihrem kleinen Bruder, der noch nicht einmal richtig laufen konnte, nachdrücklich ins Gewissen, daß er so etwas nicht tun solle. Als er trotzdem noch einmal zulangte und ich nach Brauch heimeliger deutscher Kinderstuben Handgreiflichkeiten erwartete, legte sich Makiko überraschenderweise heulend auf den Boden, trommelte mit ihren kleinen Fäusten auf die *tatami* und beklagte schluchzend die Gemeinheit des Bruders.

Bei Erwachsenen pflegt in Japan demonstrativ vorgetragenes Leiden unfehlbar Schuldgefühle auszulösen; beim zweijährigen Munehiro schlug es aber noch nicht an. Erst das Eingreifen der Mutter bereinigte in diesem Fall die Situation. Sie stellte den

Übeltäter vor sich auf den Tisch und erklärte ihm noch einmal eindringlich die Schändlichkeit seiner Tat. Ob der Kleine das einsah, blieb zu bezweifeln. Während Hiromi auf ihn einredete, bohrte er mit dem Finger in der Nase. Die geduldige Art und Weise, in der seine Mutter sich mit ihm auseinandersetzte, verfehlte aber bestimmt nicht ihre Wirkung – jedenfalls auf lange Sicht.

Mit Makiko verstand ich mich übrigens wunderbar. Sie brachte mir, der ich Wörter wie „Wirtschaftswachstum" oder „Sozialprobleme" im Traum auf japanisch zu schreiben gelernt hatte, Kindergartenlieder bei. Statt mit Konjunkturberichten beschäftigte ich mich nun mit Bären und Gespenstern. Bilderbücher traten an die Stelle wissenschaftlicher Werke.

Abschied

So allmählich mußte ich mich nun doch mit dem Gedanken an eine Abreise aus Japan vertraut machen. Den Abschiedsschmerz, den ich in manchen Momenten schon ahnen konnte, wenn ich in die vertrauten Gesichter meiner Familie blickte, gedachte ich mir durch eine lange Heimreise über Land zu versüßen. Ich besorgte mir ein chinesisches Visum und buchte für Juli eine Passage auf dem wöchentlichen Schiff von Kobe nach Shanghai.

Zwei Wochen vor der Abreise machte sich Nobuhiro daran, meine Bogen fertigzustellen – die Sehnen mußten noch aufgezogen werden. Für diesen Vorgang gab es in der Werkstatt einen hölzernen Bock, in den der Bogen zur Hälfte eingespannt wurde. Die andere Hälfte ragte frei in die Luft und wurde vom Meister unter Aufbietung all seiner körperlichen Kraft so weit nach unten gebogen, daß die Sehne am Kopfende eingehängt werden konnte. Bis es so weit war, mußte das Verhalten des Bogens genau beobachtet werden, denn mit jedem Zentimeter, den er weiter gespannt wurde, erhöhte sich die Gefahr, daß die Energie, die ihm innewohnte, nach irgendeiner Seite ausbrach.

An diesem Junitag nahm Nobuhiro gleich morgens einen meiner beiden Bogen in die Hand, begutachtete ihn ausgiebig von allen Seiten und machte sich daran, ihn in den Holzbock einzuspannen. Vorsichtig begann er, das vorstehende Ende nach unten zu drücken. Die Augen hielt er starr auf die eingespannten Partien des Bogens geheftet, damit er jede eventuell eintretende Verwindung sofort bemerkte. Ich hatte mich in die entgegengesetzte Ecke der Werkstatt gehockt und harrte gespannt dem weiteren Verlauf der Dinge.

Nobuhiro hatte jetzt fast den „kritischen Punkt" erreicht, den Höhepunkt der Biegung, bei dem der Bogen wieder ein klein wenig entspannt wurde, um die Sehne einhängen zu können. Bisher hatte sich das Holz brav verhalten. In höchster Konzentration und unendlich vorsichtig zog Nobuhiro die Saitenschlinge über das Bogenende.

Plötzlich rief er mit überschnappender Stimme: „Stefan-*san*, schnell! Komm her, hilf mir halten!"

Bevor ich Nobuhiro erreicht hatte, schnellte der Bogen geräuschlos aus der hölzernen Zwinge und zurück in seinen entspannten Zustand.

Nobuhiro hielt sich einen Moment mit schmerzverzerrtem Gesicht die rechte Hand. Der Bambus hatte ihm bei seinem Ausbruch mit Wucht einen Hieb versetzt. Dann ging es an den zweiten Versuch.

Wieder spannte er das widerborstige Stück ein. Mit verbissenem Gesicht legte er sein gesamtes Körpergewicht auf das Bogen-

Gleich wird der Bogen brechen

ende. Seine Anstrengungen schienen diesmal von Erfolg gekrönt zu werden. Die Sehne ließ sich aufziehen. Wie ein rohes Ei nahm Nobuhiro nun mit beiden Händen den bis zum Zerreißen gespannten Bogen aus der Zwinge. Ich hielt die Luft an. Ein unauffälliges Geräusch durchschnitt die Luft wie ein Samurai-Schwert. Dieses leise Knistern, das kannte ich doch schon! Der Bogen brach! Hektisch schob Nobuhiro den Bogen wieder in den Bock zurück, drückte sein Ende hastig nach unten, bis er die Sehne abnehmen konnte. Danach setzte er sich stumm auf den Boden. Seine Finger zitterten. Er sah mich nicht an. Nach einer Weile sagte er: „Er will nicht. Er hat gedroht, mir unter den Händen zu zerbrechen, wenn ich ihn noch einmal zwinge."

„Und was wirst du mit ihm machen?" fragte ich vorsichtig.

„Wegstellen, in die *kura*. Vielleicht findet er irgendwann in der Zukunft noch seinen Meister. Mir wird er jedenfalls nicht gehorchen, soviel ist sicher." Er stocherte eine Weile in einem Haufen Sägespäne herum. Dann gab er sich einen Ruck und meinte: „Aber wir haben ja noch einen. Ich werde es sofort mit ihm versuchen."

Beim zweiten Bogen ging alles gut. Widerspruchslos beugte er sich dem Willen des Meisters. Als Nobuhiro die Sehne aufgezogen hatte und den Bogen aus dem Bock genommen hatte, ohne daß er sich im geringsten gewehrt hatte, strahlte sein verschwitztes Gesicht.

„Der hier ist sehr gut geworden. Ich bin richtig stolz auf ihn. Siehst du die Kurve, den Schwung unterhalb des Griffs? So gut ist mir lange keiner mehr gelungen!"

An diesem Abend feierten wir ein großes *Sukiyaki*-Fest.

Dann war er da, der Tag des Abschieds. Keiner hatte ihn so richtig wahrhaben wollen.

Am Morgen packte Nobuhiro mich und die ganze Familie in seinen Toyota. Zwei Stunden Autobahnfahrt brachten uns nach Kobe. Im Hafen suchten wir die Sperre, die zur „Jian Zhen" führte, dem Schiff nach Shanghai. Dort lehnte bereits Yamamura am Gitter, der es sich nicht hatte nehmen lassen, persönlich zu meinem Abschied zu kommen.

Nobuhiro hatte es plötzlich sehr eilig. Ich wußte, daß Japaner kurze, schmerzlose Abschiede bevorzugen. Verlegen drückte ich ihm die Hand, dann Hiromi. Makiko weinte. Nobuhiro wandte sich ab. Ich begleitete die Shibatas wieder zurück zum Auto. Schweigend trotteten wir nebeneinander durch die Abfertigung zum Parkplatz.

„*Sayonara*", sagte ich. „*O-genki-de!* – Alles Gute!"

„*Sayonara*", sagte Hiromi und verschwand im Wagen. Scharf gab Nobuhiro Gas und stob davon.

In der Werkstatt des Kaiserlichen Bogenmachers Shibata in Kyoto, Japan, wartet noch immer ein Bogen darauf, daß ich ihn abholen komme.

Bevor ich endgültig die Sperre durchquerte, nestelte Yamamura noch ein Stück Papier aus seiner Jackentasche und reichte es mir. Es war ein Brief, den mir seine Freundin, ein Mädchen, das ich höchstens zweimal flüchtig gesehen hatte, geschrieben hatte – auf deutsch! Sie hatte in der Schule zwei Jahre lang diese Sprache gelernt.

Ich spürte das Bedürfnis, mich auf irgendeine Weise zu revanchieren, griff in meine Tasche und förderte eine Handvoll deutscher Gummibärchen zutage. Die drückte ich Yamamura in die Hand.

„*Oishios-na*", sagte ich zu ihm. „Die schmecken!" Er lachte.

In der Schlange vor der Paßkontrolle zog ich den Brief aus der Tasche und las:

„Sehr geehrter Herr Biedermann!
Die Kirschblüte im Frühling,
die grünen Bäume im Sommer,
die Ahorne im Herbst,
die Schneelandschaft im Winter
und so weiter, die Azaleenblüte,
die geglättete Schwertlilie,
die japanische Pflaumenblüte,
alles ist schön.
Ich höre, daß du in die Heimat zurückgehst.
Bleiben Sie gesund!"

Infos

Ankunft

Jedem, der es sich aussuchen kann, sei die Ankunft in Osaka empfohlen (viele Fluggesellschaften haben diesen Zielort im Programm), da der Flughafen zentral gelegen ist. Direkte, preiswerte Linienbusse fahren nach Kyoto, wo die erste Orientierung leichter fällt.

In Japan ist man als Europäer der Exot – mit allen Begleiterscheinungen: Man wird angestarrt, angesprochen, um Autogramme gebeten … Besonders auf dem Land kann es durchaus Orte geben, an die sich noch niemals vorher eine „Langnase" verirrt hat, entsprechend sind die Reaktionen. Aber keine Sorge – die notorische Neugier der Japaner läßt sie ihre Berührungsängste meist schnell vergessen.

Für nähere Kontakte empfiehlt es sich, eine Sammlung von Fotografien und ein Liederbuch (Japaner lieben den Gesang!) dabeizuhaben, das erleichtert das Zueinanderkommen ungemein.

Geschenke haben ihre eigenen Gesetze in Japan. Bei jeder Einladung ins Haus der Gastgeber ist es anzuraten, eine Kleinigkeit mitzubringen (eine *Kleinigkeit,* sonst beschämt man den Beschenkten!), am besten etwas Deutsches. Sehr beliebt bei Japanern:

- alles, was eine Klinge hat, auf der Solingen steht (der Ort genießt ein legendäres Ansehen im Land der Samurai-Schwerter),
- zollfreie Alkoholika (die im Inland hoch besteuert sind), besonders französischer Cognac oder sonstige Importflaschen,
- süßer deutscher Wein – nur wenige Japaner mögen natursauren Wein!
- Obst für diejenigen, die erst drüben etwas besorgen können (es gibt einzeln verpacktes Geschenkobst an jeder Ecke, bis hinauf zum Kürbis für 40 Mark).

Beim Schenken ist nach meiner Erfahrung folgendes zu beachten: Das eigene Geschenk niemals loben – auch nicht zur Erklärung!

Weder Dank, Lob noch das Öffnen des Geschenkes im Beisein des Gastes erwarten!

Klima und Kleidung

Von sibirisch auf Hokkaido bis subtropisch ab Kyushu südwärts sind in Japan alle Klimazonen vertreten. Beste Reisezeit allgemein: Mitte März bis Mitte Juni (Kirschblüte Mitte April!), Oktober und November (herbstliche Laubfärbung!). Juli und August: schwül und heiß (außer Hokkaido). Mitte Juni bis Mitte Juli: Regenzeit (je nördlicher, desto schwächer). Dezember bis Februar: Ostküste kalt und sonnig, Westküste kalt und schneereich. Warm anziehen! Schnürschuhe sollte man zu Hause lassen, da in Japan ständig die Schuhe an- und ausgezogen werden.

Sprache

Englisch reicht für das Reisen in Japan meistens nicht aus – von Deutsch gar nicht zu reden. Dieses Manko wird aber normalerweise durch die hartnäckige Neugier der Japaner ausgeglichen, die sich auch ohne verbale Verständigung leidenschaftlich gern mit Ausländern unterhalten.

Japaner, die Englisch können, haben oft eine schwer verständliche Aussprache. Die Wortbeispiele *Kurismas-Keiki* (Christmas cake) oder *Bi-Emmu-Daburyu* (BMW) im Text zeigen, wie das ungefähr klingt. Für die notwendigen japanischen Reisefloskeln gibt es einige Publikationen auf dem deutschen Markt.

Falls jemand ernsthaft Japanisch lernen möchte, kann er das an immerhin fast zwanzig deutschsprachigen Universitäten tun. Das Niveau und die Lehrinhalte sind jedoch höchst unterschiedlich. Inzwischen bieten auch manche Volkshochschulen und private Sprachinstitute Japanisch-Kurse an.

Übernachtung

In Ergänzung zu den Informationen, die sich in den gängigen Reiseführern finden:

Jugendherbergen sind relativ preiswert, sauber und bequem. Es gibt aber auch – wie überall – Negativbeispiele. Mehr als 560 JH stehen in Japan zur Verfügung, von denen einige in Tempeln, einige auch in traditionellen Landgasthäusern *(Ryokan)* untergebracht sind. Unbedingt zur Anschaffung empfohlen sei das *Youth Hostel Handbook,* das jährlich neu herausgegeben wird und jede JH einzeln mit Foto, Daten, Preisen, Ausstattung, Adresse und Verkehrsverbindung vorstellt – zwar in Japanisch, aber trotzdem unverzichtbar für den Budget-Reisenden. Erhältlich ist dieser Führer in den Jugendherbergen oder bei Japan Youth Hostels Inc. in Tokyo.

Billige Übernachtungsalternative u.a. in Tokyo: die sogenannten *Love Hotels* (oft erkennbar an der Bezeichnung „Hotel" oder an den phantasievollen Fassaden). Dort gibt es ausschließlich Doppelzimmer, und man sollte sich nicht an Spiegeln rund ums Bett oder anderen Accessoires stören. Meistens mit Fernseher, Kühlschrank und Klimaanlage ausgestattet, fehlt nur das Tageslicht, da die Fenster wegen der allgegenwärtigen Spanner total abgedichtet werden. Tagsüber werden die Zimmer stundenweise vermietet – auch an biedere Ehepaare –, nachts stehen sie oft leer und werden billiger. Wenn man verhandelt, kann man – je nach Geschäftssituation – auch mehrere Tage im selben Zimmer bleiben, ohne es jeden Morgen räumen zu müssen.

Die billigste Übernachtungsmöglichkeit – außer bei Freunden – bieten die „Guest Houses". Wenig Platz und viel Chaos wird dort belohnt mit 24-Stunden-Betrieb (keine Schließzeiten) und guten Kontaktmöglichkeiten zu Ausländern, die dort oft schon länger hausen und zu jedem Problem einen guten Rat auf Lager haben. Potentielle Arbeitgeber, die Werbemodelle, Filmstatisten oder Sprachlehrer suchen, werden dort gerne vorstellig, weil sie wissen, daß arbeitssuchende Ausländer im „Guest House" am leichtesten aufzutreiben sind.

Verkehrsmittel

Auto: Zum Autofahren würde ich niemandem raten, der nicht sehr lange nach Japan geht oder Freunde dort hat. Die Gründe: Der deutsche Führerschein gilt nicht (man muß einen japanischen erwerben), Benzin und Straßengebühren sind ausgesprochen teuer, der Verkehr ist dicht und – besonders in den Großstädten – nervenaufreibend, Straßenschilder, außerhalb der Autobahnen, gibt es fast nur in Kanji.

Bahn: Preußisch pünktlich und zuverlässig.

Der *Japan Rail Pass,* der nur im Ausland erhältlich ist, gewährt für eine, zwei oder drei Wochen freie Fahrt auf allen Linien der Ex-Staatsbahnen (JNR). Er ist zwar nicht gerade billig, aber im Vergleich zu anderen Verkehrsmitteln immer noch empfehlenswert. Mit dem Paß sind Vorausbuchungen auch für den *Shinkansen* möglich.

Bus: Günstige Überland-Verbindungen zwischen den Großstädten. Beliebt sind z. B. die Übernachtbusse zwischen Tokyo Hbf. und Kyoto Hbf. (man spart eine Übernachtung!) – Vorausbuchung ist angeraten.

In den Städten (außer in Tokyo) sind die Nahverkehrsbusse zu empfehlen.

Fahrrad: Bekannte von mir reisten wochenlang mit dem Fahrrad durch Japan und machten nur beste Erfahrungen mit Land und Leuten. Unterkünfte und Fahrradwerkstätten gibt's genug. An vielen Bahnhöfen können Fahrräder ausgeliehen werden. Aber: Japan ist ein Bergland und erfordert eine gute Kondition. Die Großstädte sind nicht mit Radwegen ausgestattet; Radfahrer haben den Gehsteig zu benutzen. Die Monate Juli und August nur für tropentaugliche Radler!

Schiff: Japan besteht aus über dreitausend Inseln, die fasst alle mit Schiffen zu erreichen sind. Empfehlenswert sind alle Touren zu den subtropischen Inseln südlich von Kyushu (z. B. Yoron), die keinen Vergleich mit der Südsee zu scheuen brauchen.

Trampen: Meine persönlichen Erfahrungen sind in diesem Buch beschrieben. Zum Trampen sollte man eine Landkarte mit Kanji-Schreibung dabeihaben, um Kartonschilder auf Japanisch anfertigen zu können.

Wandern: Besonders in den wenigen menschenarmen Regionen möglich und beliebt, z. B. Hokkaido, Tohoku (Nord-Honshu), Kyushu. Japanische Wanderkarten sind überall erhältlich. Nicht wundern, wenn man auf einer Spazierstrecke von Japanern in Bergstiefeln, Kniebundhosen, Rucksäcken und Steigeisen überholt wird. Japaner nehmen auch die Freizeit sehr ernst und zeigen das gerne auch nach außen hin.

Eine empfehlenswerte Tour ist das Kiso-Tal, nicht weit von der Autobahn zwischen Tokyo und Nagoya, Abzweigung Nakatsugawa. Von dort mit dem Bus nach Magome, weiter zu Fuß in die Japanischen Alpen nach Tsumago (Museumsdörfer) und weiter nach Norden.

Wer wenig Zeit hat und trotzdem wandern möchte, kann dies z. B. in den Bergen bei Nikko (80 km nördlich von Toyko; von Ueno aus problemlos zu erreichen) oder im Norden von Kyoto (Ohara, Takao, Kurama – mit Bussen und Bahnen leicht erreichbar) tun.

Und natürlich sollte man auch den Fuji einmal besteigen.

Gärten

sind die preiswerteste Droge für Ästheten, die Japan zu bieten hat. Die Gärten der Kaiserlichen Villen Katsura und Shugakuin sowie der Kaiserpalast in Kyoto und der Sento-Gosho-Garten sind nur per Genehmigung des Kaiserlichen Haushaltsamtes zu besichtigen. Japaner warten auf so eine Genehmigung oft ein halbes Jahr; Ausländer werden bevorzugt und je nach freien Plätzen bei einer Führungstour eingelassen. Anmeldung mindestens einen Tag vor dem geplanten Besuch, im Sommer am besten ein bis zwei Wochen im voraus. Anmeldungen für Kyoto werden auch in Tokyo entgegengenommen. (Die Adressen sind auf den Stadtplänen leicht zu finden.)

Preise

sind hoch, aber inklusive: keine Trinkgelder, keine Extra-Steuern – allerdings kennt man auch kein Handeln.

Japan gilt als eines der ehrlichsten Länder der Welt. Angst vor Diebstählen oder „Ausländeraufschlägen" beim Einkaufen ist überflüssig.

Aber es gibt Nepp-Lokale, die unverschämt hohe Preise für ihre Dienste verlangen (30 DM für Garderobe, 150 DM für ein Bier), ohne daß diese von außen irgendwie zu erkennen wären. Selbst japanische Bekannte von mir erlebten da schon böse Überraschungen. Wer allein ausgeht, sollte vor dem Eintritt die Auslagen in den Glasvitrinen vor der Tür prüfen oder sich beim Türsteher erkundigen. Rote Laternen vor der Tür bürgen nach meiner Erfahrung für die Rechtschaffenheit des Wirtes.

Jobben

Schon oft ist einem braven Traveller das Geld in Japan schneller ausgegangen, als er es sich hätte träumen lassen. Will man länger bleiben, braucht man dann möglichst einen Job. Der beliebteste ist der eines Sprachlehrers an einer Konversationsschule. Verlangt wird meistens Englisch, seltener Französisch oder Deutsch. Englische Konversationsschulen fordern oft Nachweise als *native speaker* oder für Lehrbefähigung. Die Aussage, eine englische Mutter zu haben, reicht da neuerdings nicht mehr, habe ich mir sagen lassen.

Wo Jobs zu haben sind, erfährt man aus den Annoncen der englischsprachigen Tageszeitungen oder durch Mund-zu-Mund-Informationen. Lukrative Privatschüler werden von einem scheidenden Lehrer meistens persönlich an einen geeigneten Nachfolger übergeben. Angebote auch an den Schwarzen Brettern von Sprachschulen, „Guest Houses", Importläden und Kulturinstituten (am Goethe-Institut laufen z. B. viele Japaner herum, die Deutsch lernen wollen).

Weitere Möglichkeiten Geld zu verdienen, sind z. B.: Kellnern in einem deutschen Restaurant, Modell für die Werbung, Filmstatist, Verkauf von Importwaren in Supermärkten oder Kaufhäusern.

Vorsicht! Legale Arbeit ist nur mit einem entsprechenden Visum möglich, das zudem nur außerhalb Japans erhältlich ist (Arbeitsvisum oder Kulturvisum, das Teilzeitarbeit bis zu 20 Stunden die Woche erlaubt) oder direkt an der Grenze. Illegale Arbeit ist weit verbreitet. Trotzdem: Wer erwischt wird, dem drohen Ausweisung und Wiedereinreiseverbot.

Zen

Jemandem Zen erklären zu wollen, der noch keine praktischen Erfahrungen damit gemacht hat (Meditieren, Bogenschießen, Tuschmalerei o. ä.) und auch nicht über eine außergewöhnlich hohe Fähigkeit zum abstrakten Denken verfügt, ist ungefähr so schwierig, wie einem Gehörlosen eine Beethoven-Symphonie zu beschreiben. Die meisten Bücher, die zu diesem Thema auf deutsch erschienen und überhaupt im entferntesten brauchbar sind, sind, um im Bild zu bleiben, allenfalls als „Partituren" anzusehen. Aber wer hört schon eine Symphonie beim bloßen Anblick der Noten? Zu Recht hegen die Lehrer der Zen-Schule von alters her Mißtrauen gegenüber dem geschriebenen Wort.

Wer sich ernsthaft für Zen interessiert, kommt um praktische Erfahrungen unter Anleitung eines erfahrenen Meisters nicht herum. Fähige Meister sind allerdings nicht so leicht zu entdecken. Wer nach Japan kommt und nur einmal in diese buddhistische Schule hineinschnuppern möchte, dem empfiehlt sich das berühmte Kloster *Eiheiji* bei *Fukui* an der Westküste, das auch Gäste auf Zeit aufnimmt. Zen-Tempel in den Großräumen Tokyo und Kyoto/Osaka, die auch *lectures* für Ausländer anbieten, können bei den TIC's in Tokyo und Kyoto erfragt werden.